読みなおす日本史

石の考古学

奥田 尚

吉川弘文館

目次

序章　考古学と岩石

1　全国で二番目の化石発見

大峰の山々の春の訪れは遅い。白装束に身を固めた修験道の人々が登る五月三日には、大峰山本堂の扉開式が行われる。大峰山の本堂より熊野につづく奥がけ道の高峰、大普賢《だいふけん》岳や八経ケ岳はまだ残雪に包まれている。大普賢岳から東の伯母峰にいたる尾根には小普賢《こふけん》岳、弥勒岳、坐《しょう》の窟《いわや》と峻険な地形がつづく。行場となっている小普賢岳、大普賢岳、伯母谷覗《のぞき》に囲まれ、東に向いた谷が山葵《わさび》谷である。

今から三十年以上むかし、まだ二十歳台の前半だった私は昭和四十五年の五月、連休を利用して山葵谷の地質調査に出かけた。当時、奈良教育大学教授をしておられた嶋倉先生を中心に、研究グループの八尾さん、松岡さん、新さんと私の五人である。

雪解け水の流れる沢ぞいの道には、蕗のとうが頭を持ち上げていた。谷が二俣にわかれるところからは、道がなくなり沢つめとなった。徒渉を繰りかえし、石灰岩の滝を越え、なだらかな谷となった。谷に転がる石はほとんどが玄武岩質凝灰岩で、凝灰岩には石灰岩の礫《れき》（小石）が含まれている。この凝灰岩はハワイのような大洋島に噴き出した火山の噴出物である。調査している者の目は、すぐ、石灰岩礫に向いていた。

谷にころがる石に顔を近づけて、石灰岩に含まれる化石をさがしているのである。「これは？」とおもえば、ルーペで拡大してみたりしている。

「あった」と叫ぶ声にみんなが集まっていくと、灰色の石灰岩に赤い放射状をした円筒形の六射珊瑚化石があった。一つ見つかれば、あちらの石、こちらの石からと数十個の試料が採取できた。紀伊山地中央部は化石が産しないところだといままで言われていたが、こんなに簡単に化石が採取できるとは夢にも思っていなかった。

翌日は、化石が産する石灰岩や泥岩の地層の上に位置する、チャートや砂岩の地層の調査に向かった。

嶋倉先生は花粉化石や材木の樹種の研究、八尾さんは放散虫化石の研究、松岡さんは花粉化石や双鞭毛藻化石の研究を主としていることから、六射珊瑚化石の研究は私がすることになった。

化石の研究には文献がないと比較・検討がまったくできない。そのために私は大阪教育大学におられた珊瑚化石の研究者である山際先生の門を訪ねた。

化石の研究は世界で出版された文献を読まなければならない。英語や中国語は高等学校でも英語や漢文として習っているため、辞書があれば書かれていることがだいたいわかるが、ドイツ語やフランス語、ロシア語となると辞書を片手にしただけでは読みづらい。

とにかく、どうにかして、山葵谷で見つけた珊瑚化石を調べてみると、地質時代では中生代の初めにあたる二億年程前のトリアス紀後期の化石であることがわかった。トリアス紀の六射珊瑚化石は九州の球磨川流域の神瀬《こうのせ》付近から報告されているだけで、全国で二番目の発見であった。

2　二番目の発見

高知市の東にある有名な鍾乳洞である竜河洞から南の尾根づたいに、竜河洞スカイラインがつづいている。この尾根の南端には巨大な石灰岩でできた山である三宝山がある。三宝山石灰岩の下部付近で六射珊瑚化石の破片を見つけた人がいると聞いていたため、昭和五十二年、高知大学で開かれた地質学会の帰りに見学に出かけた。

五人で行ったが、みな昨夜のコンパで飲みすぎ、ひどい二日酔いである。しかし、とにかく三宝山石灰岩の下部にたどりついた。

ここにも玄武岩質凝灰岩のなかに石灰岩礫が含まれている。歩くよりも化石探しの方が楽だと思い、寝ころんで石灰岩を眺めはじめた。目はぐるぐるまわり、なかなか焦点が定まらない。しかし何重かに見えるなかに円い珊瑚化石が見えるではないか。二日酔いのために見えるのかと疑ったが、やっぱり本物である。

周辺の化石も調べていると、またたくまに三時間ほどすぎ、昨日の酒の効き目もうすくなってきた。これらはトリアス紀の六射珊瑚化石で日本で三番目の発見となったために、今後、どのようにするのか、検討となった。

いま、「四月の初めだから五月の地質学会関西支部で講演してはどうか」との話がでた。化石を含んだ石灰岩を切って、ガラス板に貼り付け、化石の組織が観察できるように、貼り付けた石灰岩を〇・三ミリぐらいの厚さにすり減らす作業には時間がいる。

さらに、化石の種類を文献で一つ一つ比較していく作業がある。とにかくできるまでやることになった。昼は学校勤務で、夜だけの仕事となるために、ひどい寝不足となった。

3　考古学との出会い

このまま珊瑚化石の研究をつづければ、日本中に分布するトリアス紀の六射珊瑚化石をまとめることはできただろうが、二上山の石の研究をしようという仲間がでてきた。奈良県大和郡山城の天守台石垣の石材の石種調査もしている仲間であった。

「二上山の凝灰岩は石棺材に使われている」と聞いていたので、大和歴史館の名称を橿原考古学研究所附属博物館に変えただけの古い建物の横にあった小さな博物館の事務室を訪れた。そこに伊達宗泰先生がおられた。今はすっかり立派な近代的な建物になっているが、二十年前はまだ古ぼけた建物だった。

「二上山系石材の石棺はどこにあるのですか」

「そんなんわからへん。あんた地質屋やろ。考古学の者が言うとるけれども。石棺のある古墳の所在地をコピーしたるわ、しらべてみ」

半年ほどして、先生のところへ行くと、

「そうか。その結果をまとめてみ、知っとる人が本だしとるから渡したるわ」

「知っとる人」とは森浩一先生で、「だしとる本」とは雑誌「古代学研究」であることが後になってわかった。二上山系の凝灰岩は白色で、含まれる礫種によって分布地が異なるために、石材の採石地が推定しやすい。凝灰岩分布地での石切場跡の調査に増田一裕氏と何度となく出かけたことがある。

佐倉の国立歴史民俗博物館におられる白石太一郎先生から、「箸墓の復元をするので箸墓の石をみてほしい」と連絡を受けた。打合せ当日、桜井駅でタクシーに乗り、「箸墓まで行って」と運転手に言うと「箸墓ってどこですか」と聞き返された。「箸中まで行って」と言うと行ってくれた。

箸墓北側の池の岸辺に下り、葺石だといわれる斑糲岩《はんれいがん》や花崗岩の観察、板状の石の観察をした。板石は石室材ではないかとのことであった。この板石は玄武岩で、橄欖石の斑晶が肉眼でもみえる。

「こんな石は芝山の玄武岩やなあ」

と言ったのが、後々までひびいている。日本書紀の崇神十年に出てくる「大坂山の石」が芝山の玄武岩に相当することになった。

こんなことなら、この辺にある竪穴式石室の石材を調べてみればと考え、観察条件が良い冬の時期に調査した。果樹園となっている墳丘の上に登るほど、石垣材に板石が増えてくる。その板石は玄武岩や結晶片岩、安山岩であった。

4　岩石の比較

化石でも現世の動植物でも、種類の同定方法に変わりはない。調べようとするものに関係ある文献のすべてを探し、調べようとするものとおなじ特徴をもつものであれば、おなじ種類とする。どの文献の中にも見られない種類であるとすれば新種となる。しかし、おなじ種類のものが新種として報告される場合もある。このときは発行された専門雑誌の発行日の早い方が新種となる。

新種のことはさておき、比較の方法だが、「大坂山の石」の採石地と推定される柏原市国分市場にある芝山に分布する芝山火山岩は、場所によって様子がちがう。含まれている鉱物粒が大きいところや小さいところ、ガラス質になっているところなど、いろいろな部分がある。板石になっていないところ、石が風化して軟らかくなっているところ、含まれている鉱物粒が大きいところや小さいところ、ガラス質になっているところなど、いろいろな部分がある。

古墳に使われている石は芝山火山岩のどの部分の石に対比できるのかがわかって、「この板石は芝山火山岩とおなじ石です」といえるのである。

いちょうの葉を比べた場合でも、いろいろな形がある。葉の大きさをみれば、五センチぐらいの小さなものもあれば、十センチ以上もある大きなものまである。また、形をみれば、扇のような形のものが多いが、紙が破れて軸だけの扇のような葉もある。葉の大きさや形の違いは一本の木の部分による違いである。

また、木による違いとしては葉に銀杏がついた「お葉つき銀杏《いちょう》」もある。日蓮宗の本山である身延山の「お葉つき銀杏」は有名である。身延山だけでなく、各地にあり、気をつけて探せば、このような木は探せる。

一本の木でも一つの岩体でも、まったくおなじものからできているとはいえない。比較や対比をする場合に、そのものの全体的な特徴を知っておく必要がある。

1章　石をみる

私は岩石の研究をしている岩石学者ではない。体系立てて岩石を追求しているのでもなく、岩石の産状を調べているのでもない。まして、岩石の成因などを探求するつもりもない。石を肉眼でみる方法によって石の比較を追求している者である。

京都地学会館の開祖である益富寿之助先生に、鉱物を研究していたある大学院生が鉱物を差し出し、鑑定をお願いした。鑑定後に益富先生は「このような色では◯◯石が半分で、◯◯石が……」と話をされた。目で見て鉱物成分の量比などわかるはずがないと、その大学院生は化学分析をした。すると、分析値と肉眼鑑定の結果とが一致して、びっくりしたそうである。

考古遺物は破損させることができないため、目で見る範囲での追求でしかない。一部ではX線等を使用した機器による非破壊分析も行われているが、分析条件が揃っている試料にしか適用できない。目で見た結果をどれだけ的確に表現できるかが問題である。また、観察結果をもとにして自然界に存在するものと比較することが大切である。

石棺材の産地を調べるために凝灰岩を比較するとき、K大学の先生は「なるべく大きな破片を採石推定地に持って行って比べるのがいいなあ」と、言われたことがある。まさに、そのとおりだ。しかし、現実としては実行しにくいことが多い。

また、まったくおなじであるとしても、どのように文章にして第三者に伝え、納得してもらえるだろうか。「まったくおなじでした」だけでは科学性にとぼしい。測定機器にかけた結果がおなじだとすれば、その測定結果が何を意味するのか説明し、その結果をどのように比較したかを説明する必要があるのは当然である。

石の種類について、言葉や記述が混乱を招いている例、石の見方、採石地の推定の仕方などについて述べてみよう。

1　石の種類について

もう三十年前にもなるか、二上山の岩石についての巡検があった。バスで行ったため、バスに乗っている時間を利用して、巡検の講師をされていた先生から「長石、石英、黒雲母からなる岩石は花崗岩です。この命題は正しいですか」と聞かれた。中学の入学試験の問題にも「花崗岩は（　）、（　）、（　）の鉱物からなっている」という形式の問いがあった。前者は「命題の間違い」、後者は石英、長石、雲母と答えることを期待したのだろうが、「問題の作成まちがい」である。

鉱物がわかっても鉱物の様相をしめす組織がわからなければ石の種類は決められない。石を砕いてX線粉末法で調べれば、含まれている鉱物の種類はわかる。しかし、石の種類は同定できない。前者の命題とおなじである。

前者の命題は鉱物の粒が石英、長石、黒雲母からなる岩石であればよいのであるから、片麻状花崗岩、結晶片岩、砂岩、流紋岩、石英斑岩、花崗斑岩、石英安山岩、石英閃緑岩、花崗岩、ペグマタイトのどれにも相当する。

片麻状花崗岩や結晶片岩は変成岩で、砂岩は堆積岩、石英安山岩や流紋岩は火山から噴出した火山岩、石英斑岩や花崗斑岩は岩脈の石、花崗岩やペグマタイトはゆっくり冷えて固まった深成岩である。後者の問題では「花崗岩は（　）、（　）、（　）の鉱物が噛みあっている」とすべきだろう。

このことは、たんに、鉱物だけを考えたために生じた間違いで、岩石のできかたに起因する組織も考慮して岩石の名称が付けられている。

組織をみるのは目であり、X線粉末法や蛍光X線法で組織などわかるはずがない。

成因を考慮した簡単な石種の区分はつぎの表のようになる。

〔**火成岩**〕

マグマが冷えて固まったもの。含まれる鉱物と組織により深成岩、火山岩、岩脈等に区分される。

深成岩……鉱物粒が噛み合っている。花崗岩（石英、長石、雲母）。花崗閃緑岩（石英、長石、雲母、角閃石）。閃緑岩（雲母、長石、角閃石、輝石）。斑糲岩（長石、角閃石、輝石、橄欖石）。

火山岩……鉱物粒が斑晶となって散在する。流紋岩（石英、長石、雲母）。石英安山岩（石英、長石、雲母、角閃石）。安山岩（長石、雲母、角閃石、輝石）。玄武岩（長石、角閃石、輝石、橄欖石）。

岩脈……鉱物粒が斑晶となって散在する。斑晶の粒径は一定していない。斑岩（石英、長石、雲母）。ひん岩（長石、雲母、角閃石、輝石）。輝緑岩（長石、角閃石、輝石、橄欖石）。

［堆積岩］

火山の噴火や風などによって降り積もったものや水底に積もったものを構成粒の粒径により区分されている。粒径が十六分の一ミリ以下が泥岩、十六分の一ミリ以上二ミリ以下が砂岩、二ミリ以上が礫岩である。

火山の噴出物が堆積したもの……凝灰岩（含まれる礫径により　凝灰岩　火山礫凝灰岩　凝灰角礫岩等区分される。また、火山ガラス等が溶けて固まった黒曜石、溶結凝灰岩もある）。

風によって堆積したもの……泥岩　砂岩。

水底に堆積したもの……泥岩　砂岩　礫岩　凝灰岩

このほかに石灰岩、チャート等がある。

［変成岩］

変成には熱と圧力の条件により、片麻状と片理が生じる場合がある。片麻状も片理も一定の方向に鉱物粒や構成粒が並んでいる。高温・高圧では鉱物粒が嚙み合って方向性がある片麻状となり、低温・高圧では薄く剝がれる片理が生じる。

マグマの貫入により周囲の岩石が熱変成を受けると熱変成岩（ホルンフェルス）ができる。

2 「美しい石」と「役立たずの石」

大阪府羽曳野市の東部。近つ飛鳥の北方にそびえる鉢伏山の中腹には「グレープ・ヒル・ロード」が竹内峠《たけのうち》方面に延びている。河内葡萄の生産地の一つであるこの山の斜面は、年が明けるとビニールハウスに包まれ、暖房器と太陽熱で、五月ごろには葡萄の房がたわわに下がっている。盛夏が過ぎるころになると覆いもなくなり、じょじょに緑が増し、十月ともなれば枯野となる。

この道の路傍に「太子温泉」の看板が立っている。この温泉の北西にある山が南河内郡太子町の

「石まくり」の地である。石まくり火山岩の採石場であったが、現在、下の方は太子温泉の駐車場となっている。

石まくり火山岩は黒色の輝石安山岩で、岩頸《がんけい》（火山が地表へ噴出するときの通路を充たした火成岩が、まわりの土を侵食され、円柱状に露出したもの）が山のように突出していた。この突出部の石を採り、建築用材や土木工事の資材として運び出されていた。

岩頸の周辺部は急に冷えたためにガラス質になっている。また、岩頸の中心部はやや斑晶質である。ガラス質の部分はサヌカイトとよばれる石で、古代人に石器の石材として利用された石である。しかし中心部は石器が作れるような石ではない。おなじ岩体でも役にたつ部分と役たたずの部分がある。

さて、石川県小松市の南方には緑色凝灰岩が分布している。この凝灰岩は石英安山岩のような部分、軽石を多く含みガサガサしている部分、柔らかくて緻密な部分、淡緑色〜濃緑色でガラス質の部分等と岩相（岩石をみたときの様相）の変化に富んでいる。淡緑色〜濃緑色の部分は厚くても三十センチに満たない。

この石の軟らかい部分で制作した玉類の石材名を「軟玉」、硬い部分で制作した玉類の石材名を「碧玉」とよぶ人がいる。わずかな部分的な違いでも貴重がられたり、役立たずになったりしている。

キンバレーアイトとよばれるダイヤモンドを含有する岩がある。そこに含まれているダイヤモンドもおなじことである。ダイヤモンドは炭素の結晶であるから高熱をうけると燃えて炭素となる。キンバレーアイトが産しても、場所によってはダイヤモンドでなく、炭素の塊を産出することがあるようである。ダイヤモンドも炭素も成分はおなじ炭素であるのに。

海岸や川原で小石を拾っている人をみかける。形がよいもの、色が美しいもの、模様が美しいものなどさまざまな基準で集めているようである。拾われた石は「役立つ石」で、残された石は「役立たずの石」である。石でさえ、人の感覚によって運命が違っている。

3　顔くらべと石づらくらべ

「この石は何処《どこ》そこで産出する石です」といえるのは、調査した石と分布する石が似ていることを知っているからいえる。

古来の葛城山の北部に位置する二上山は「雨ごい」の地であり、「嶽山《だけやま》信仰」の山である。

二上山雌岳の中腹から岩屋峠にかけては中部ドンズルボー層の凝灰岩が分布する。この付近の凝灰岩は石棺の石材に使用されていることが多く、石材の切り出し場を捜すために斜面をはいあがって調べることがよくあった。下草が枯れた三月の下旬がこの調査に適している。

二上山の東斜面の調査をすませ、雌岳に登り、休憩しながら地形図を眺めていると、

「サヌカイトを探しにきたのですが、サヌカイトはどこで産していますか。本に石鏃の石材の産地

は二上山と書いていますやろ」

と、還暦を迎えたくらいの人に尋ねられた。五、六人のグループで来ているようであった。

「どちらの方へ下山しますか」

「太子温泉に入ってから、三宮方面に帰ります」

「ああ、そうですか。二上山の山上にサヌカイトはありませんよ。下山して行かれる太子温泉の駐車場の北西に登っていく道があります。その上には大きな採石場跡がありますが、そこを通り抜けて西方の採石場跡に行って捜せば、サヌカイトの石も転がっています。割ってガラス質になっているのを捜せばいいですが、ハンマーがなければ石で叩いて金属音がすると、だいたいがサヌカイトですよ」

この日は天候に恵まれ、大和三山、三輪山、春日山が手にとるように眺められた。

二上山頂上の雄岳には輝石が含まれない安山岩（畑火山岩）、雌岳には流紋岩（雌岳火山岩）が分布しており、いずれにしてもガラス質の輝石安山岩であるサヌカイトがあるはずがない。

一方、二上山の西方にある春日山や「石まくり」には輝石安山岩が分布しており、輝石安山岩体の周辺は急冷相となり、ガラス質の安山岩であるサヌカイトになっている。また、二上山西方に分布する原川累層や大阪層群の地層にもサヌカイトの礫が含まれている。

二上山は河内と大和の境にあり、よく知られた山のために、「二上山」のひとことで産地を代表させているのであろうが、不親切な言葉であると、つくづくと感じた。

不親切な言葉はさておき、この石はこの山の石、この石はこの石切場の石、これはサヌカイトで、これはサヌカイトでないと判断するには、どのように石の特徴をとらえ、どのように比較すればよいのだろうか。

朝、近所で「おはようございます」と挨拶すれば、「おはようございます」と返事が返ってくる。このときの人の目による識別力はすばらしいものである。識別により相手を選び出しているから挨拶ができる。何億人もの中から特定の一人を選びだしているのである。

「IT革命だ。コンピューターの時代だ」といっても、目による判断にまさるものはないといえよう。規定されたものの取り扱いや形式化された記憶、とくに数字上の記録はコンピューターの方がはるかに頭脳にまさっているといえる。しかし、電子機器に記憶させるもとを作り出すのは頭脳である。錯覚におちいることなく、機器にふりまわされるのではなく、使いこなせるようにしたいものである。

目による識別力についてだが、挨拶するとき、だれにでもするわけでない。挨拶をする相手がだれであるかをたくさんの人の中から識別しているのである。猫・猿・人の顔をみれば、経験によって、これは猿、これは人と簡単に識別している。

何をもとにして判断しているのだろうか。顔についている目・耳・鼻・口は形と大きさが異なるが、数や配列はおなじである。骨格や皮膚の様子や毛が生えている様子は異なる。このようにして識別の基準を作れるが、顔から特定の人を選択しているのはどのようにしてであろうか。

顔にある目・耳・鼻・口・眉毛などは、数も付いている位置もおなじである。しかし、各器官のかすかな形や大きさの違い、顔の輪郭などから判断して何万何千人の中から特定の人物を選び出しているのである。警察が犯人の捜査に指名手配の顔写真を使っているのも、目による識別力の鋭さを物語っている。さらにすごいのは、おなじ人物でも、子供の頃の顔とか年老いたときの顔とか判断していることである。では、目による顔の識別力を石の産地推定に応用すれば、どのようになるのであろうか。


兵庫県高砂市にある龍山《たつやま》の石工に、大和・河内に分布する龍山石製とされている長持形石棺や家形石棺の石材を見てもらった人がいる。石工の話では「こんな石、みんな伊保《いほ》のほうの石や。龍山の石はない」ということであったそうだ。龍山の石はきめが細かく、伊保の石は石つぶ（火山礫）が含まれている、ということが区別の理由らしい。まさしく人相ならぬ「岩相」による対比である。

加工石であれば、岩相による比較しかできないが、自然石であれば、岩相以外でも採取された場所が推定できる。扁平で、左右対称な円い礫であれば海岸の礫と推定され、角が鋭く残っている石はその石の露出地近くが推定される。

しかし、一度堆積した礫層の礫が谷や河川に流れ出している場合は、その河川流域に分布する岩石と異なる石が分布することになる。また、年月がたてば風化する。風化面に現れた特徴も比較の対象になるだろう。

火山角礫岩や凝灰角礫岩のような凝灰岩や礫岩にはこぶし大や人頭大の礫が含まれることがあり、石の様子を見るためには広い面積を必要とする場合がある。こぶし大の石を取っていても礫である場合がある。

奈良県香芝市の阿弥陀橋横に置かれている石棺材には人頭大の流紋岩礫が含まれている。また、近くの平群《へぐり》町烏土塚《うどづか》古墳の前棺蓋にはこぶし大の流紋岩の角礫が多く含まれている。飛鳥にある石舞台古墳の石室材や猿石、鬼の雪隠などの石英閃緑岩には灰色の基質に黒色の捕獲岩が含まれている。小さい捕獲岩では一センチぐらいのものもあり、大きいのでは一メートルを越すものまである。

石に含まれている粒の様子から、火成岩（深成岩と火山岩）、堆積岩、変成岩に区別できれば、さらに、比較するためには、つぎのような点に注意すればより詳しく区分できる。

深成岩—全体の様子、含まれている鉱物の種類、粒径、量。

火山岩—全体の様子、含まれている鉱物の種類、粒径、量、石基の様子。

堆積岩—全体の様子、含まれている粒の種類、粒形、粒径、量、基質の様子。

変成岩—全体の様子、含まれている粒の種類、粒径、量、基質の様子。

4　水銀鉱石の比較

今昔物語の巻第二十九、本朝・悪行の第三十六話の「鈴鹿山で蜂、盗人を刺し殺す語」に「今は昔、京に水銀の商いをするものがいた。年来もっぱら商売にはげんだので、おおいに富み栄え、財産も多く、家も豊かに暮らしていた。年来、伊勢国との間を往来していたが、……」とあり、平安時代には松阪の西南約十キロにある三重県多気《たき》町丹生《にう》付近で水銀を採掘されていたことがうかがえる。

昭和四十八年ごろ、丹生大師付近で水銀を含む鉱石の試掘が行われていた。地下二百メートルほどまで掘削し、旧坑道が地表下約三十メートルにあったようである。

試掘の結果、上部では猛毒の砒素《ひそ》を含む鶏冠石が多く、辰砂は少ないが、深くなれば辰砂の含まれる量が多くなったようである。丹生大師の南側の谷には、辰砂を採掘した旧坑道と、戦中頃に鉱石を精錬した製錬所の跡が展示されている。

また、その南方、中央構造線を越えた結晶片岩が分布する多気方面でも、辰砂の採掘跡が報告されている。

奈良県桜井市南部から宇陀市大宇陀、菟田野《うたの》にかけては、昭和の前半に稼行していた鉱山が多くある。なかでも菟田野古市場《ふるいちば》にあった大和水銀鉱山は昭和五十年ころまで稼行していた。その鉱石は辰砂を主とし、黄鉄鉱がわずかに含まれる鉱石である。

この付近の鉱山の鉱床には、鉱脈の鉱石を採掘されている鉱床と、鉱石が砂礫となって堆積した砂礫層の砂礫が鉱床となっている表砂鉱床とがあったようである。

大和水銀鉱山のばあいは水銀鉱脈を採掘し、宇陀市菟田野向崎にあった新羅貴《しらぎ》水銀鉱山では、谷間に堆積した辰砂を採石していたようである。

桜井市と宇陀市の境にある音羽山から熊岳にかけての山中には、水銀鉱石を採掘した鉱山跡、高圧線の碍子《がいし》の原料を採掘した絹雲母鉱山、輝安鉱に銀が含まれるために輝安鉱を採掘した銀鉱山があった。これらの鉱山は数年間稼行したようである。

音羽山から熊岳にかけての山中では、黄鉄鉱はもちろん産出するが、絹雲母とアンチモンを含む輝安鉱やベルチェ鉱、紅安鉱が産出する。大峠鉱山や針道鉱山、音羽鉱山、神戸鉱山などの鉱山跡の鉱石とアンチモンの関係を調査する必要もあるだろう。

このような小規模の鉱山は鉱脈にそって採掘しているばあいが多いため、坑道の入口から五十メートルぐらいの範囲で鉱脈を捜せば、鉱脈を見つけられることが多い。地下深くで採掘された鉱石よりも、地表に露出する鉱石であるため古代の遺物と比較するのに適している。

数年前であったか、「古代遺物の赤色顔料に使われている辰砂の産地を同定できるようになりました」と、言う人に会ったことがある。辰砂にともなう微量成分によって産地がわかるということであった。

水銀鉱石には辰砂だけでなく黄鉄鉱や鶏冠石等の鉱石をともなっている。辰砂は水銀とイオウの化合物であるが、水銀鉱石となれば鉛や錫、砒素、鉄などの元素も、含有量に差があるが、含まれていても当然といえる。辰砂は水銀とイオウの化合物が結晶したもので、世界中共通の鉱物で、産地など決められない。辰砂にともなう微量成分の分析により、産地を推定することは可能である。話を聞いたとき、びっくりした。

辰砂は硫化水銀の結晶であるため比較できないが、鉱石には不純物の砒素や鉄が含まれているために、大和か丹生かを区別できる。大和や丹生の場合、鉱脈を含んでいる岩石は閃緑岩や花崗岩であり、熱水によって変質していることが多く、鉱脈を含んでいる岩片ではもとの岩石を識別できない。しかし、徳島県若杉山遺跡付近の辰砂の母岩はチャートや石灰岩、緑色岩などで、母岩が大和や丹生のものと異なる。持ちはこばれた鉱石にともなう母岩によっても、産地を比較できることもある。

5　白　石

奈良県吉野郡川上村迫《さこ》に古来からの名社とされる丹生《にゅう》川上神社がある。発掘された江戸時代の本殿の基壇には、親指〜こぶし大の白色の石灰岩の亜角〜亜円礫が主として敷かれていた。白色の石灰岩礫は川上村大迫付近から同村の深山付近にかけての吉野川の川原にみられる。同神社の東の川原でも、大きさ、形、岩相がおなじような石が採石できる。

高野山奥之院の弘法大師廟前に敷かれている白石《しろいし》や、熊野本宮の大湯原にある本殿跡地に敷かれている白石、秦の始皇帝の命令により、不死の薬を求めて渡来した漢薬師の徐福を祭っている新宮市の徐福神社の社殿前に敷かれている白石はこぶし大の円礫《えんれき》で、石英斑岩である。

新宮川の流域には、これらの白石と岩相的に似た大峰酸性岩とよばれる石英斑岩が分布している。この石が礫となり、下流に流されて、あるいは海岸で円い礫となったものを採石されたのであろう。現在では、海岸や河口に行っても、採石されつくしたのか、円礫を見ることはほとんどない。

御所《ごせ》市の室《むろ》の大墓や天理市の櫛山古墳などでは、親指大の白石を見かけたものである。また、巨石を使用した横穴式石室をもつハミ塚古墳では、石室内に白石と黒石が敷かれていた。白石は結晶片岩で、黒石は砂岩である。

白色の結晶片岩は、三波川帯の結晶片岩が分布する海岸では、海岸の礫として見られる。ところが、結晶片岩が分布しない淡路島の西側にある五色浜でも多量にある。この海岸は五色石がたくさんあることで有名である。

この海岸には白色や灰白色、青白色、灰緑色、濃緑色とさまざまな色の片岩の礫がみられる。礫形は亜角、亜円、円で、礫径が〇・五～四センチ位である。古墳にみられる白石に形・大きさ・岩相が似ている石もある。

兵庫県加西市に根日女《ねひめ》の墓の伝承がある玉丘《たまおか》古墳がある。この古墳の葺石に淡路島の五色浜の白石が運ばれているといわれている。玉丘古墳の葺石には、こぶし大から人頭大の白色の円い石が使われているとのことである。私は五色浜の海岸の石を捜しても、また、礫の源になっている海岸近くの崖のなかに含まれる礫を捜しても、こぶし大~人頭大の白石を見つけることができなかった。必要な大きさの石は、運び去られたのであろうか。

玉丘古墳の石材については観察していないが、奈良県御所市の室の大墓・同県天理市の櫛山古墳・同市のハミ塚古墳などに見られる白石は白色の結晶片岩であり、畿内では産出しない石である。遠地から運んできて、使用することに何か意味があったのであろう。しかし、丹生川上神社上社のように、時期が下ると付近の石でまかなうようになっている。

6　石の産地推定

小学校五年生の頃であったか、わが家の庭の土をいじっていると、金色に光る一、二ミリの板状の粒があるのに気づいた。これを集めようとおもい、土を水の中に入れてかき混ぜてみた。金色に光る粒が水底にたまったが、集めにくいので樋《とい》の上を流してみることにした。水流の強さを調節すれば、金色の粒が先に流れて集まることがわかった。

翌日、担任の先生に、その粒が何かを尋ねたが答えがなかった。兄に頼んで、中学の先生に聞くことにした。「黒雲母が風化して金色になっている」との返事だった。

わが家の庭は、飛鳥地方に広く分布する石英閃緑岩が風化して砕けた砂であるため、黒雲母が分離し、風化して金色になっても、当然のことであることが後になってわかった。

家の裏から戦時中につくられた火薬庫跡の前を通り、少し行けば南妙法寺にある益田岩船に着く。この益田岩船の登り口には石英閃緑岩の露岩がみられる。また、途中の斜面には大正時代頃に採石していた石切場跡が残っている。

家から南に行けば、牽牛子塚《けんごしづか》古墳に着く。石室の石は白くて軟らかい石であり、外部閉塞の石は灰色の石英安山岩である。この付近の切り通しの土をみれば、私の庭の土と同じである。

石室や閉塞の石は、どこから運ばれてきたのであろうか、と思った。

飛鳥駅近くの岩屋山古墳では益田岩船とおなじ石英閃緑岩が使われている。このあたりには石が露出していないので、「南妙法寺付近から運んだのか？」と、思っていた。

中学二年の時であった。友達とギラ石（黄鉄鉱のこと）を採りに、石舞台古墳の横を通り、さらに多武峯を越え、経ヶ塚山をめざした。針道の集落をすぎ、谷にはいると谷川の石が茶色になっていた。すこし登ると、水銀鉱山跡のズリ場（鉱石以外の石を捨てた所）があった。ズリ場でギラ石をほとんど捜すことができなかった。経ヶ塚山の頂上には雨ごいのための火を燃やす施設があった。帰り道、鉱化帯が河床に見られる下居《おりい》を通り、桜井駅に向かった。下居では鉱化帯に沿って西側の山に水銀鉱採掘のための坑道が掘られていたようである。この鉱化帯の岩石と似た岩石を最近、大いに話題をよんだ飛鳥の亀形石出土遺構の敷石に見ようとは、当時、考えもしなかったことである。

思い出はさておき、産地の推定について述べよう。

石を見るとき、考古学的な石の見方、地質学的な石の見方、岩石学的な石の見方、土木学的な石の見方、造園的な石の見方、石工的な石の見方等と、目的や用途に応じてさまざまな見方がある。おなじ石でも異なった呼び方をされたり、種類が異なった石でもおなじ名で呼ばれたりしている。研究の対象によって判断が異なる例について述べよう。

(1) 翡翠のこと

翡翠《ひすい》はヒスイ輝石からなり、白色のものが圧倒的に多く、緑色透明なものは非常に少ない。緑色透明な翡翠が観察できたのは、新潟県姫川や同県青海川、北海道日高の川原や海岸にみられる翡翠である。長崎市の三重海岸や鳥取県八頭郡若桜町や兵庫県養父市大屋市場にみられる翡翠は白色である。

あるとき、「勾玉の石材を見てほしい」と言われて、大きな綺麗な緑色をした翡翠の勾玉をもって来られた。

「ああ、これはだれが見ても翡翠ですね。この感じでは姫川付近かな」と、答えた。すると、「翡翠みたいな三波川帯（中央構造線のすぐ南側に分布する結晶片岩の地帯）でも十数個所にでるのでしょう。S大学の岩石学のT先生が言われていました」と、返事がかえってきた。

三波川帯の翡翠は顕微鏡下やX線粉末法で確認できるくらい小さいものである。色も確認できなければ、石材として採石できるわけでもない。変成岩の変成条件の研究に役立つのであって、加工にたえうる大きさで、緑色透明のものでもない。

緑色透明で加工にたえうる大きさの原石が採石できる場所を採取推定地としたいものである。変成作用の研究と実用としての石との考え方の違いが歴然とした。

緑色をした翡翠を産出するのは、姫川や青海川、北海道の日高である。これらの翡翠はこぶし大以上のものもあり、古代人の装飾品の原料となりうる。長崎市の三重海岸や八頭郡若桜町、養父市の大屋市場などでも人頭大の翡翠があるが白色である。産地の推定には翡翠があるだけでなく、大きさ、色等を考慮すべきである。

(2) 片岩のこと

大阪府中河内のある遺跡から出土した古墳時代の始めころに製作された布留傾向の甕《かめ》の表面を見ると、砂粒に片岩《へんがん》が多く含まれていた。「この甕に片岩が含まれているから、紀ノ川流域で作ったのではないか」と、言ったことがある。一か月ほどたってか、その遺跡の発掘担当者に会ったとき、「T高等学校の地学の先生が『片岩は石川の川原の砂にも含まれているから、紀ノ川と断定できない』と言っていた」といわれた。

石川の砂礫は主として花崗岩類の砂礫から成り、砂岩や泥岩、チャート、流紋岩等が含まれる。バケツ一杯の砂礫を分類すれば、二、三個の片岩粒は見つかるであろう。土器の表面に見られるような量ではない。花崗岩や砂岩、流紋岩の砂礫粒について担当者が言わなかったためにことか、「片岩が多い」のひとことがなかったために生じたことだろう。

(3) 正硅岩のこと

四條畷市にある讃良《さら》岡山遺跡の縄文後晩期の祭祀跡と推定される場所から、多くの正硅岩《せいけい》が出土した。また、ここから一メートルをこすと推定される石英安山岩製の石棒の破片が出土している。この石英安山岩は北陸地方の緑色凝灰岩（グリーンタフ）の岩相の一部に似ている。

正硅岩は楕円形で、灰白色や灰色をしており、長径が三〜五センチである。加賀の白山登山道などで礫層の礫にみられる石に似ている。白山から流れ出している手取川の川原石に見られる。

O大学の地質の研究室で雑談をしていたとき、正硅岩の話をすると、「大阪層群にも正硅岩が含まれている。出土して当然だ」と、言われた。含まれる量が多いこと、形・大きさが揃っていること、出土地の性格などを話していると、大阪層群由来の正硅岩説のトーンは下がっていった。

(4) 火打ち石のこと

かつての通産省地質調査所から出されている五万分の一地質図幅のカラーコピーを、数枚もって私のかつての勤務校にこられた方があった。コピーの大きさから判断すれば、コピー代金も相当なものにおもえた。

「火打ち石の採石地を研究しています。どこのチャートが火打ち石に使用できるのか」ということであった。地質図に記入されたチャートの位置をくわしく調べられていた。

「硬い石であれば、火打ち石になり、風化していれば柔らかくて火がでない」など、一般論を言われていた。話している間に気づいたが、尋ねてこられた方は「川原石は地質図に表わされていない」ことに、気づいていないようであった。

「地質図にチャートの分布位置がたくさん記されていますが、これらのチャートは川に流されて川原石になります。柔らかい石は砕けてしまって、硬い部分のみ川原に残るから、川原石のチャートは露岩よりも硬いのです」と言うと、がっかりしたようすで帰って行かれた。

(5) 火山石のこと

讃岐地方で石棺材に使われている石に、石榴《ざくろ》石安山岩と流紋岩質凝灰岩とがある。前者の石は鷲ノ山の石とされ、後者は火山《ひやま》石あるいは火山の石とされている。

現在、香川県さぬき市津田町にある火山の採石場は閉鎖されているが、採石場の跡、選鉱場の跡がある。「火山石」として採石されていたのは黒色の安山岩で、石棺に使われているような白色の凝灰岩ではない。火山には初期の火山噴出物として白色の凝灰岩が下部に層として薄くあり、その上に安山岩が厚く重なっている。白色の凝灰岩には淡桃色や赤褐色、灰色の流紋岩礫や白色の軽石が含まれている。考古学のなかでは通用しているかもしれないが、土木関係の人々の「火山石」や「火山の石」といえば安山岩をさす可能性が大きいため、「火山の凝灰岩」の方が適切な言葉におもえる。

(6) 砂岩のこと

和歌山へ庄内期の土器の砂礫を観察に行ったとき、ついでに見てくださいと、ある遺跡の出土品を出された。この遺物を観察していたとき、「この砂岩は○○山の石切場の砂岩であると、H教授が言われていました」と、調査担当者が説明された。川原石様の石が半分に割れたもので、とうてい切り出した石には見えなかった。遺跡が位置する近くを流れている紀ノ川の川原に見られる石であることを話すと、担当者も理解しやすいとうなずかれた。

産地を推定するには、石種の岩相からだけで判断するのではなく、形状・大きさなども考慮しなければならない。

7　石と玉

石と玉《ぎよく》を混同する人がいる。石と玉はおなじではない。光沢があり、光らなければ玉でないのだ。「玉、磨かざれば光なし」の諺《ことわざ》のように、石を磨いて光らなければ価値がない。玉も加工しなければただの石ころである。

高価なものの代表とされているダイヤモンド（金剛石）も、源岩であるキンバレーアイトにふくまれている原石をみると、氷砂糖のようにみえる。この原石を光るように、ダイヤモンドの結晶軸に合わせて加工して、始めてダイヤモンドの輝きがでる。

玉類の原石とされている滑石《かつせき》、碧玉《へきぎよく》、瑪瑙《めのう》、雪浦翡翠《ゆきうらひすい》について述べる。

(1)　滑石のこと

滑石はかんたんに加工でき、磨けば光ることから、玉になる石である。色は不純物のために緑色、灰白色、茶褐色、黒色とさまざまである。滑石は蛇紋岩のなかに脈状に産する。蛇紋岩があれば滑石が含まれていることもあるが、かならず滑石があるというものでもない。

滑石とともに石綿を含む場合が多い。ある遺跡で臼玉の中に黄緑色で、滑石よりも硬いものがあった。発掘担当者が「これも滑石でいいのか」と聞くので、「石綿や」と答えたことがある。

滑石鉱山に、玉を作るための材料を購入に行ったことがある。鉱山の人に「滑石と共存して、ヤマコルクがこの鉱山では出ますか」と聞くと、「ヤマコルク?」と聞き返された。

そこで、鉱山用語でない鉱物名である「陽起石、トレモライトは」とも聞いたがわからない。建築用材としては使用を禁止されている「石綿、アスベストは」と聞くと、「この鉱山では産しない」と、即座に言われた。

この鉱山の滑石は化粧品の原料として出荷されているようであった。石綿は灰色、黄緑色、緑色、濃緑色、暗緑色と色がさまざまである。玉類に滑石ばかりでなく、石綿も混じっていれば、原石の採石地を推定するのにいくらか役立つだろう。

滑石は不純物が混じることが多い。むしろ純粋の滑石を捜す方が困難であるといえる。

「記載するときに、不純物を多く含んでいても『滑石』と記述していいのですか」と、聞かれることがある。蛇紋岩のなかに滑石がまれに含まれるのであるから、「蛇紋岩の部分が多くても『滑石』とすればよいでしょう」と、返事した。

滑石が含まれている量比によって、「この範囲であるから滑石、この範囲であるから滑石を含む蛇紋岩、この範囲だから滑石が含んでいても蛇紋岩とする」には、滑石と蛇紋岩の量の比率を出すために、非常に時間と労力がかかる。蛇紋岩のなかに含まれている滑石の量は圧倒的に少ない。少ないから「滑石」の言葉で代表してもよいのではないだろうか。

しかし、玉類のように小さなものであれば滑石ですませられるが「伝景行陵出土」とされている石枕のように大きなものの場合はどうするか。この石枕は暗緑色を呈し、蛇紋岩製で、部分的に脈状に滑石がみられる。石枕のような大きな場合には「滑石を含む蛇紋岩」とすればよいのだろう。

滑石は灰白色や淡茶灰色のものには不純物が少ない。しかし、緑色や黒色のものには不純物が多い。緑色のものには蛇紋岩や緑泥石が含まれる場合が多く、黒色のものには輝石が含まれることが多い。

(2) 碧玉のこと

「石種」とか「鉱物種」という名前は、明治時代に近代化がさけばれ、西洋科学を直輸入して日本語訳を考え出したときのものといえる。中国から伝わり、江戸時代までつづいた本草のなかに石のことも書かれている。

西洋には石種や鉱物種とは別の区分として「宝石」がある。石を磨いても宝石となり、鉱物を磨いても宝石となる。中国でもおなじで、石であっても鉱物であっても、磨いて光るものは玉《ぎょく》であり、磨いても光らないものは玉でない。

緑色をして光る石は碧玉となる。磨いて緑色に光る石には緑色凝灰岩のガラス質の部分、鉱物には孔雀石や滑石がある。

硬さを基に区分して硬いものを硬玉、軟らかいものを軟玉とよんだようである。硬玉には緑色や白色、濃赤色、無色透明等のものがあり、軟玉にも緑色や白色、赤色を見せるもの等があることから、軟玉と硬玉の区分は色による区分ではない。

鉱物の硬さ（硬度）を調べる道具に、モース硬度計がある。モース硬度計は軟らかい鉱物から硬い鉱物までを十段階（絶対硬度による区分でない）に、ドイツの鉱物学者フリードリッヒ・モースによって分けられたものである。日本では、一が滑石、二が石膏、三が方解石、四が蛍石、五が燐灰石、六が正長石、七が水晶、八が黄玉、九が鋼玉、十が金剛石と訳されている。

ここで黄玉はトパーズをさし、鋼玉はコランダム、金剛石はダイヤモンドをさしているようである。燐灰石も磨けば黄色く輝くことから黄玉に入るはずである。

モース硬度計の黄玉の例は黄色い玉はトパーズだけとし、玉の使用範囲を限定している、従来の本草における玉の区分基準、黄色い玉であればすべて黄玉とするような区分基準を混乱させている。

橿原考古学研究所に中国から留学していた「玉《ぎょく》」の研究者がいた。緑色凝灰岩製の鍬形石や管玉を見て、「この部分は玉で、この部分は玉でない」と話された。光沢がある部分が玉であるとの判断であった。なんと明快な「玉と石」についての判断だろうとおもった。

しかし、聞いていた他の者は不思議がっていた。このように見た時点で判断するのが玉の区分であろうが、制作された時期から現在観察するまで、光りつづけているとはかぎらない。かつては光っていただろうといえるものもあるだろう。制作時には、光っている玉であったと推測して、話をすすめたい。

緑色の管玉についてガラス質のものは碧玉、風化して軟らかいのは軟玉とされている報告書をよく見かける。玉を色で分けたり、硬さで分けたりしている。区分の基準を明確にすべきである。

おなじようなことに緑色の滑石製鍬形石には材質を滑石と書き、緑色凝灰岩製の鍬形石には材質を碧玉とされている。緑色の滑石も玉の範疇では碧玉である。中国から伝来した「玉」の区分で材質を明記するのであれば、明治時代以降に導入された洋式の石や鉱物の区分は避けるべきである。

「玉」の区分では、指し示すものの範囲が広くなり、どのものを指しているのか判断しにくい場合が多い。石種・鉱物種による区分のほうが、指し示しているものの範囲が狭くなり、理解しやすいといえる。

天河石《アマゾン》は緑色のものもあるが、青色をしているものが多い。下関市の綾羅木《あやらぎ》遺跡の弥生時代の遺構から天河石が出土している。日本では産出が皆無に等しいが、韓国の丹陽《タンヤン》付近には天河石の産地があり、韓半島から運ばれてきたものといえる。

天河石は微斜《びしゃ》長石の一種で、花崗岩の晶洞《しょうどう》(岩石内にできた空洞。空洞の壁面に水晶や長石ができることが多い)にできるばあいが多い。晶洞にできている長石はサイズも大きく、採石もしやすい。水晶も晶洞にできるものは大きい。

色に関していうと、「あおによし　奈良の都は　咲く花の……」の古歌に「あお」の言葉がでてくる。「あお」は緑色を指しているようであることから、古代には「あお」と「みどり」をおなじ言葉で表わしていた、といえる。天河石には緑色や青色のものがあるが、緑の範疇《はんちゅう》に含めて、碧玉といえるだろう。

(3) 瑪瑙のこと

瑪瑙《めのう》製の勾玉は濃赤色、赤色、桃色、灰白色と白色から赤色と、赤い系統の色である。緑色のものはない。瑪瑙の原石は無色透明で、表面が磨滅すれば乳白色になる。原石でも加工品でもよいが、透過光でみれば縞模様がみられる。産出する状況は岩石の孔隙《こうげき》をうめるようにしている。孔隙ができない深成岩や片岩には瑪瑙がみられないが、火山岩や凝灰岩の分布地ではみられることが多い。

福井県の小浜に小浜瑪瑙の加工場がある。付近の山で以前は瑪瑙がとれたが、最近はとれなくなり、外国から原石を輸入しているとのことであった。瑪瑙を採取する目的でさがしたことはないが、日本海沿いに瑪瑙の産地は点在している。

「ペクテンアミ」とよばれている小さな二枚貝化石を採取するために、島根半島の海岸に行ったことがある。新第三紀層の泥岩に含まれている化石で、海岸に露出する泥岩を割るとたくさん採取できた。カニのはさみの化石もみつかった。このとき、海岸に落ちている石ころをみると、瑪瑙が多い。親指大からこぶし大のものである、どこから転がったのかと産出地をさがしてみると、なんと、すぐ海岸の横の崖の安山岩のなかに、白色の瑪瑙が含まれていた。

金沢市の北を流れる川に森本川がある。この川の上流にガラス質の緑色凝灰岩が分布しているので、見学に行ったことがある。玉に加工できそうな緑色の石がみられた。また、灰白色の瑪瑙を含む石もみられた。瑪瑙の部分は人頭大くらいもある石もあり、加工して玉を作るのに十分な大きさであった。

青森県の竜飛《たつび》岬に行ったことがある。この付近は緑色凝灰岩の分布地域である。青森市にかえる途中の海岸で、どんな石が海岸にあるのか見ようとおもって、石ころが転がる海岸に下りた。わずかだが、緑のなかに白色をした石や縞模様がある白い石が転がっていた。おや、こんな所でも瑪瑙が拾えるのかとおもった。

海岸や川にみられる瑪瑙は白色や灰色透明である。小浜瑪瑙の加工場の人は、「瑪瑙の原石を千度で三日間くらい加熱し、赤く発色しないものは緑色に染める」と話されていた。各地に産する原石を炭火で加熱すれば、どのような結果になるだろうか。すべて、赤く発色するとは考えられない。木炭を使った実験をしてみるのも興味あることである。

(4) 雪浦翡翠と三重翡翠

長崎翡翠《ひすい》といえば、産地として雪浦《ゆきうら》と答える人が多い。この雪浦翡翠を加工して「長崎翡翠」の名称で販売した人もいたようだが、長年たつと光沢がなくなり、いまでは販売されていないようである。では、長崎に翡翠がでないのかとおもわれるが、変成岩を研究されている西山忠男氏により、長崎市三重町からヒスイ輝石が報告され、現在、この長崎翡翠の産地は天然記念物に指定されている。見学はできるが、現状の変更、採石は禁止されている。

雪浦と三重は長崎市西部の海岸沿いにあり、位置的には雪浦が北で、三重が南に位置する。どちらからも蛇紋岩が採石できる。

平成十三年三月、長崎付近の地質にくわしい川原和博先生に案内していただいて、翡翠の産地を見学した。見学の目的は、「翡翠の産状をみる。翡翠の質をみる。翡翠の原石の大きさと形状をみる。共生鉱物をみる。産地の砂をみる」であった。たたき割って、採取する気持ちなど毛頭なかった。

目的の詳細について述べよう。

翡翠は転石でしか見られないが、蛇紋岩のなかに礫状に産しているようである。緑色の岩石の部分と灰白色の翡翠の部分とは明瞭な境をもっている。どのような場所にどのように入っているのかわかればよいのだが、転石からの判断でしかない。転石が転がっている範囲も百メートルに満たない範囲である。

翡翠の質は灰白色で、緑色部をともなっていない。長崎市科学館の展示品にも緑色部が見られないため、宝石として貴重にされている翡翠とは異なる。

翡翠の大きさは一メートルくらいの部分もあり、石材として加工しようとすればできる大きさである。長崎や鳥取県若桜町、兵庫県大屋市場の翡翠には緑色部が認められないようで、新潟県小滝川や青海川のものには緑色部がある。

翡翠は蛇紋岩のような超塩基性岩のなかに産出する。翡翠が産出する場所ではアルビタイトやオンファサイトなどの鉱物が採れる。兵庫県大屋市場の翡翠産地では、アルビタイトと共存する白雲母がソーダ雲母になって薄紫色になっている。

原石が散在する海岸の砂を観察すれば、加工破片が見つかることも考えられるから、砂の検討が必要である。加工破片でもあれば、翡翠を採取していたことがわかるがその時期は不明である。

新潟県姫川では翡翠が採取できることから、まれにしか見られない礫を捜す人が多い。礫は見栄えもよく、比較もしやすい、しかし、姫川の砂をバケツ一杯ぐらい取り、翡翠を捜せば、チップ状に割れたものがみつかる。おそらく加工時にできた破片が川原の砂となっているのであろう。

長崎市科学館のロビーに長崎翡翠の原石が一個展示されている。一メートルを越すような大きな濃緑色の石である。これはすべてが翡翠というわけではない。濃緑色不透明でやや粒状感があるような翡翠はない。この石の一部が白色透明の翡翠になっている。

三重町の翡翠産地を見学するのであれば、長崎市科学館の翡翠の原石をぜひ見学しておこう。三重町産の翡翠は灰白色～白色の翡翠で、緑色透明なものは発見されていないそうである。

雪浦翡翠は翡翠に感覚的に似ているが、緑色部にたいして白色部がややくすんだ灰色をしており、緑色部にも板状あるいは簾状の平行線がみられる。灰色部には不規則な縞模様がみられる。しかし、翡翠の表面は網目状あるいはモザイク状の輪郭がみられ、くすんだ灰色になることはない。灰色の部分はドロマイトで、緑色部は緑簾石である。翡翠とよく似た産状を示しているものである。

佐賀県立博物館で、佐賀県内出土の翡翠製品を観察した。観察したものはすべて緑色で、透明であるため、長崎翡翠とは異なり、新潟県姫川付近のものであるとおもえた。また、オンファス輝石製のものもなかった。

8　石材と石種

石材名と石種（石の種類）とはおなじでない。石種は岩石を大系づけて名づけたものであり、石材名は石切場の地名等をもとに石材の商品名としてつけられたものである。だから地域によって独特な呼び方をされている。

石種がおなじでも石材名が異なることは多い。石種と石材名の関係について比較的広く通用している御影《みかげ》石、龍山石を例にあげ、小地域での呼び名について子持ち石、麦飯《むぎめし》石を例にあげてみよう。

石を遠くまで運んでいる例は、江戸城天守台の修築や高野山の五輪塔等にある。

明暦の大火によって江戸城の天守閣が焼失し、加賀前田藩に天守台の普請が命じられる。この時の加賀前田家の記録によると、岡山県の犬島から石を運び、比叡山東麓、琵琶湖畔の穴太衆《あのう》の石工が石垣を積んでいることが記されている。

高野山には四方から参詣の道があり、その一つに鎌倉時代に「町石《ちょういし》」を完備させた町石道がある。高野山では宝塔を起点として、麓の九度山町にある慈尊院までの百八十本の町石と、宝塔から奥之院までの三十六本の町石がある。

町石には文永三年から弘安四年までのあいだの記年銘がある。奥之院に登る階段の左手に立つ三十五町石には「文永三年（一二六六）丙寅十二月廿八日　比丘尼意阿」の銘があり、石種は黒雲母花崗岩で、見たところ神戸市東灘区御影付近の石と推定される。石材名では「御影石」とよばれている石である。

また、宝塔の南側に立つ奥之院側の一町石には「大正二年（一九一三）立秋再建　御影　大江」と刻まれている。石材は黒雲母花崗岩で、見たところ岡山市の万成山付近の石と推定される。石材名では「万成石」とよばれている石である。

(1) 御影石のこと

大正二年に修復された奥之院側の六町石には「東京　馬越」、八町石に「宇治　入江」、九町石には「岡山　藤屋」と刻まれており、一町石の「御影」は寄進された大江氏の住所を記している。石材の産出地ではない。

奥之院に通じる参道脇には諸大名の供養塔である五輪塔が林立する。その中で三番目に大きな前田利長の五輪塔に「此石者従摂州御影村出也（中略）干時乙卯歳潤林鐘廿日建之」の銘がある。石の産出地が記されている五輪塔はこれだけのようである。摂津の御影村から石を運び、慶長二十年（一六一五）閏六月二十日に建立されたことがわかる。石材は黒雲母花崗岩で、見たところ神戸市東灘区御影付近の石と推定される。これも石材名では「御影石」とよばれている石である。石材の搬出地の記述と岩相からの判断とが一致する例である。

御影石や万成石は石の種類が黒雲母花崗岩で、見たところもよく似ている。色は淡桃色で、石英・長石・黒雲母が嚙み合っている。長石には白色と桃色の長石がある。

万成石の方が御影石より桃色の長石が多く、鉱物粒が粗いためか、三十センチ四方位の石で比べると何となく異なっているようにみえる。岩石学的な研究では徳山市から岡山市をへて神戸市にいたる範囲に分布する花崗岩に、山陽型花崗岩と命名されている淡桃色のカリ長石を含む花崗岩がある。石材名は採石される土地の名前が付けられているため、おなじような岩相の石でも「御影石」とか「万成石」、「徳山御影」などの石材名がある。「人相」とおなじように、石も「岩相」で似ているか、似ていないかを区別しなければならない。

最近、外国から多量に石材や石造物が輸入されている。御影石に似ているが、石英が粗くて、量が多く、長石は濃赤色で量が多い、そういう黒雲母花崗岩がある。また、角閃石が含まれる花崗閃緑岩もある。このような石に中華人民共和国の山東省の石がある。

建物の壁や床、石造物に御影石が使われているのをよく見かける。御影石は墓石等からの判断でしかないが、昭和五十年ころを最後に見られなくなる、現在、御影石の産出地である旧御影村付近は宅地化がすすみ、石材の採石はさておき、加工している場所すら見られない。

最近、「青御影」とか「黒御影」とよばれる石が、石塔等に使われている。「青御影」は黒雲母花崗岩で、一見わずかに青っぽくみえることから、そう呼ばれているようであるが、淡桃色の長石が目立つ「御影石」とは異なる。

また「黒御影」は、斑糲岩の場合が多い。花崗岩のような深成岩を御影石と考え、色によって石材名が付けられているようである。戦前の教科書では花崗岩の名称を使わずに「御影石」と記されている。

⑵ 龍山石のこと

兵庫県高砂市から加西市にかけて、石材の採石跡が点在する。加西市高室付近に産する石は「高室《たかむろ》石《いし》」とよばれ、同市長《おさ》付近の石は「長石《おさいし》」、高砂市龍山の石は「龍山石《たつやまいし》」と以前はよばれていたが、現在はどの石も「龍山石」とよぶそうである。

どの採石場の石も火山礫凝灰岩であるが、含まれる礫の種類と粒の大きさによって区分される。高室付近、長付近、池付近、龍山付近の岩相の違いについて述べよう。石棺材との関係については後述する。

高室付近の石　中国自動車道の加西インターを出て、加西市内に向かう途中に玉丘古墳がある。この古墳の西方に高室の地名があり、採石場の跡がみられる。この付近から採石された石材が「高室石」とよばれていたそうである。現在、稼行している石切場はみられない。

石切場跡での観察だが、層状にみえるフローユニットの境に割れ目があり、一メートルを越すような厚みがある石は得にくかったようにみえる。奈良県宇陀郡に分布する室生火山岩にみられるような冷却時に生じる柱状節理がみられなく、板状節理もはっきりしていない。

方形の大きな石はあまりないが、板状の石は手に入れやすいようである。含まれている火山礫は比較的細かく、一見、砂岩様にみえる。構成粒は流紋岩が多く、長石や石英からなる。石種は火山礫凝灰岩である。

長付近の石　高室の南方に長が位置し、現在も砕石を採石している石切場がある。採石場の石には小指大〜こぶし大の流紋岩礫が含まれている。流紋岩礫は淡桃色や淡茶色、淡青色、黒色とカラフルである。石切場東側の善坊池に沿った西側の道路横に水源施設がある。この付近の石には流紋岩礫以外に黒色の泥岩礫が含まれる。石種は凝灰角礫岩である。

池付近の石　加古川市の西部に平荘湖がある。この付近には採石場跡が散在している。ここの石は灰白色の流紋岩礫が点在することや層理が目立つことに特徴がある。構成粒は流紋岩粒で、礫が少なく、層理の方向に並んでいる。石種は火山礫凝灰岩である。

龍山付近の石　現在稼行している龍山の石切場付近には、北に地蔵山の石切場、西に伊保山の石切場等がある。石棺の石材と岩相的に似ているのは伊保山の石である。

伊保山にはたくさんの採石場がある。現在、高砂市青少年会館前に移築されている「天磐舟《あまのいわふね》」がかつてあった付近の石は、含まれている礫が人頭大から小指大のものまで、層準ごとに分かれて分布している。この付近の転石の岩相と石棺材との比較については後の4章の播磨系石材の節で述べる。

このように播磨地方に分布する四地域も、石切場によって石材の岩相が異なる。しかし、含まれている鉱物は石英、長石であり、含まれている火山礫も流紋岩質のものが主で、どの石切場でもおなじである。しかし石材の見かけの様相は四地域ともに異なっている。

(3) 子持ち石のこと

奈良県五條市北宇智にある「辻の山古墳」の葺石の石材を調査した。この時に作業員さんが「子持ち石、ようけありまっしゃろ。その石、あっちの川しかでまへんで」と話された。どの石を指すのかわからないため、尋ねてみると、礫岩のことである。

葺石に使われている石は流紋岩、流紋岩質溶結凝灰岩が多く、礫岩が少ない。流紋岩や流紋岩質溶結凝灰岩は赤褐色や濃赤色、灰色等とカラフルである。この流紋岩や流紋岩質溶結凝灰岩の小さな礫が礫岩に含まれているため、礫岩の礫を子と考え「子持ち石」と名づけているようだ。

もともと流紋岩や流紋岩質溶結凝灰岩は火山から噴出したものである。しかし古墳が位置する付近は段丘礫層で、この基盤は結晶片岩である。北方の山は堆積岩からなる和泉層群の地層で、この基盤は花崗岩類である。この付近には火山や火山噴出物は分布しない。辻の山古墳に使われているような礫は、和泉層群の礫層に含まれる礫が洗い出されたものである。

(4) 麦飯石のこと

奈良県御所《ごせ》市の南郷大東《なんごうおおひがし》遺跡で水の祭祀跡が検出された。この石材を調査していたとき、作業員さんが「その麦飯石《むぎめし》、すぐにくだけまっしゃろ」と言う。この石は風化すれば、媒乱（噛み合ってい た鉱物粒が砂状に分解すること）がひどく、石材には使用できない石である。また、噛み合っている鉱物粒が粗いため、表面がザラザラとしている。

この石種は石英閃緑岩である。石英・長石・黒雲母・角閃石がかみ合っているが、石英が少なく、白色の長石が非常に多く、黒雲母は粒状で多くて粗い。

白色の地に粒状の黒雲母が散在するため、麦飯のようにもみえる。他の現場では「おにぎり石」ともよばれていた。ごま塩をふったおにぎりのようにみえるからであろう。

石種名がおなじ石英閃緑岩に飛鳥地方を中心に分布する「飛鳥石」がある。最近、話題になった酒船石遺跡にある亀形石をはじめ猿石や弥勒石、酒船石、石舞台古墳の石材、鬼の雪隠・俎古墳の石材などはすべて石英閃緑岩である。

飛鳥の石には捕獲岩（岩石のなかに取り込まれた岩石のこと）が含まれているが、南郷大東遺跡付近の石には捕獲岩がみられない。捕獲岩をのぞいた鉱物種は石英・長石・黒雲母・角閃石で、葛城山麓の石とおなじである。粒径・粒形・量が異なるために葛城山付近の石英閃緑岩は白く、飛鳥付近の石英閃緑岩は暗灰色である。

9　山田寺の石燈籠

遠来の客を案内するために、飛鳥資料館を見学したことがある。水落《みずおち》遺跡の水時計の復元や倒壊した山田寺の回廊の復元等が展示されていたが、私は石にしか関心がないためブラブラしていた。たまたま館内の片隅に目をやると、山田寺跡出土の石燈籠の台石の破片が展示されていた。

「石は何かなあ」とおもって目を近づけると、黒色ガラス質のレンズが溶結の方向にならび、石英や黒雲母の斑晶が目立つ溶結凝灰岩である。室生火山岩の岩相の一部にも似ている。石燈籠は創建期のものとされ、七世紀の中頃のものである。

明日香村稲渕の龍福寺境内に竹之王の石塔が移築されている。銘が刻まれ、奈良時代の作とされているが現在は判読しにくい。石材は溶結凝灰岩で、石英や黒雲母の斑晶が目立ち、黒色ガラス質のレンズが溶結の方向に延びている。

また、奈良市と天理市の境近くの奈良市田原の山中に「塔の森」とよばれるところがあり、六角十三重の石塔の一部がみられる。麓の神社境内に塔の森の石塔の説明板があり、奈良時代のもので、石材は「春日石」とされている。この石塔の石材は溶結凝灰岩で、みたところ宇陀郡一帯に分布する室生火山岩の岩相に一部に似ている。この岩相と似た室生付近の石を室生石とする。

奈良市の破石《わりいし》から能登川に沿って柳生に通じる滝坂の道がある。この道の路傍には朝日観音や夕日観音、首切り地蔵、春日山石窟仏など石仏が多くある。春日山石窟仏付近の凝灰岩が「春日石」のようである。また、春日山原生林内付近の黒雲母花崗岩も春日石のようである。

滝坂の途中から大杉をへて、御蓋《みかさ》山と春日山の境の谷に、奈良県教育委員会の許可をもらえば通れる道がある。この道が峠にさしかかる手前の谷に蝙蝠窟《こうもりのいわや》とよばれている古い窟がある。崖面には採石時の鑿跡が無数に残っている。地元では春日砥石の採石場跡といっている。石は凝灰質砂岩で、岩相的には春日石とまったく異なる。この凝灰質砂岩と同質の石は、東大寺の戒壇院前で出土した東大寺の釣鐘を鋳造した遺構に使われていた加工石のなかにみられた。奈良時代から蝙蝠窟付近では採石されていたと思える。

竹之王《たけのおう》の石塔、塔の森の六角多層石塔が室生石製であり、奈良時代の石造物であることから、桜井市忍阪《おつさか》の石位寺《いしいでら》にある三尊石仏の石も、砂岩とされているが、室生石か春日石ではないだろうかと思い、桜井市教育委員会の清水眞一様の案内で三尊石仏を見学した。

春日石は部分によっては、一見、砂岩のようにみえる場合もある。また、三尊石仏が刻まれている部分は加工されているが、他の部分は加工されているか、自然石のままなのだろうか。

石仏に対面してみると、正面の仏が刻まれているところは砂岩のようだが、横や後が同質の石であるか、などと考えて観察した。

横からみると上下に層理面がみられ、流紋岩や凝灰岩、軽石の礫が層理面の方向に並んでいる。礫は親指大以下の角礫や亜角礫で、浸食されて空洞になっている部分もある。いっぽう、後からみれば、この石仏の石は三角おにぎり形をしており、角が円くなった亜円礫である。背面にも黄白色や暗灰色等の礫がみられ、浸食されて空洞になっているものもある。

正面は光が差しこみ明るいので、砂岩様の部分をルーペで観察すると、石英や長石、流紋岩片が多くみられ、ごくわずかに輝石がみられる。つまり三尊仏の石種は、石英安山岩質火山礫凝灰岩で、砂岩ではない。また、春日石でも室生石でもない。これは畿内では見られない石である。一説によれば、中国から運ばれたとされている。

石材の採石地はさておき、石材の採石された場所の状況について推定すると、この三尊仏は粒度がそろった細粒部の層理面がある自然石の一面を利用して刻まれている。この石材は形が亜円礫で、含まれている礫が浸食されているもの、空洞になっているものがあることから、谷川などにみられる石に似ている。

今後の課題となるが、推定したような採石場で岩相が似ている石をさがせば、石材の採石地といえるだろう。石位寺の三尊石仏の場合は、予想がみごとにはずれた。

2章　石から考える

1　古墳の石と榛原石

近鉄大阪線室生口《むろうぐち》大野駅のプラットホームから北方を見れば、向坊《むかいぼう》古墳がある。この石室の石材に室生火山岩の割石が使われている。室生村付近では、石室の石材として室生《むろう》火山岩を使用するのは当然のことであろう。

現存する石室の左右の壁石には、板状節理に沿って矢穴跡が点々と残っている。高野山慈尊院側の七十七町石（文永五年）に残っているような、連続した穴でなく、やや楕円形で、孔径も五センチほどである。向坊古墳は七世紀前半の古墳とされていることから、矢穴を開けて石を割る技術が七世紀にあったといえる。

室生火山岩の板石を組合式石棺材に使われるのは、六世紀中葉からである。奈良県宇陀市大宇陀の谷脇古墳、同市榛原《はいばら》付近の古墳の石棺材はもとより、天理市の龍王山古墳群の石棺材等にも使われている。

しかし、宇陀市のワラ田古墳のように板石を積み上げて造った竪穴系横穴式石室の石材にも室生火山岩が使われていることからすれば、六世紀の前半には、すでに室生火山岩の板石の使用が始まっていたといえる。

七世紀になると、桜井市の舞谷《まいたに》古墳や花山《はなやま》古墳などの磚槨墳《せんかくふん》の石材として使われている。大阪府河南町の塚廻古墳の石室の床面には、室生火山岩の板石が敷きつめられていたようである。また、奈良県高取町の白壁塚古墳の石槨の前室の床にも敷かれていたようである。

寺院の石材では、桜井市の山田寺の金堂跡の犬走りに磚《せん》として、飛鳥の飛鳥寺では回廊の側溝の側石として使われている。

旧宇陀郡一帯に広く分布している室生火山岩の一部を石材として切り出したものを榛原では、商品名として「榛原石」という。しかし、室生火山岩は室生に行けば「室生石」、名張の方では「名張石」とよばれている。同じ石が場所により名称が異なるため、ここでは室生火山岩とする。

室生火山岩は主として流紋岩質溶結凝灰岩からなり、部分的に石英斑岩あるいは流紋岩、凝灰岩の部分もある。また、灰色を示す石が多いが、黒色を示す石もある。

室生火山岩を石材として使っている時期は古墳時代の後期から終末期、中世の鎌倉時代から近世、さらには明治から昭和五十年ころまでである。

2　中世の石造物

室生火山岩を加工した記述が残る最古のものは、宇陀川の崖に刻まれた大野寺の磨崖仏《まがい》であろう。この磨崖仏は「この像は、後鳥羽上皇の勅願により、興福寺の雅縁大僧正が棟梁となり、承元元年（一二〇七）に笠置山の大弥勒仏を模して造立したものである。石匠の宗慶をはじめ、宗人石工二郎、三郎などが従事し、翌年に完成したという」とされていることから、東大寺の再建が終わった鎌倉時代前期の制作である。

宇陀市榛原《はいばら》、同市大宇陀《おおうだ》、吉野郡吉野町にかけては室生火山岩製の五輪塔、宝篋印塔《ほうきょういんとう》、十三重石塔、石燈籠等が多く分布している。五輪塔には山辺赤人《やまべのあかひと》の墓の五輪塔、大蔵寺《おおくら》墓地の五輪塔、宝篋印塔には村上義光《むらかみよしてる》の宝篋印塔、十三重石塔には覚恩寺《かくおん》の十三重石塔、佛隆寺《ぶつりゅう》の十三重石塔、燈籠には白岩《しらいわ》神社の角燈籠等がある。

山辺赤人の墓の五輪塔　宇陀市榛原戒場《かいば》の展望のよい尾根上に、鎌倉時代前期とされる五輪塔があり、万葉時代の歌人である山辺赤人の墓といわれている。石材は空風・火・水・地輪が同質の流紋岩質溶結凝灰岩で、室生火山岩の岩相の一部に似ている。

大蔵寺墓地の五輪塔　宇陀市大宇陀牧《まき》の山中にある大蔵寺墓地に正平六年（一三五一）の南朝年号

をもつ五輪塔が旧墓地の入口に立っている。石材は空風・火・水・地輪のすべてが同質の流紋岩質溶結凝灰岩で、室生火山岩の岩相の一部に似ている。

村上義光の宝篋印塔　桜の名所である吉野山の「中の千本」北方にある駐車場の北方に村上義光の墓とされている宝篋印塔がある。この宝篋印塔は南北朝とされている。石材は流紋岩質溶結凝灰岩で、室生火山岩の岩相の一部に似ている。

覚恩寺の十三重石塔　大宇陀牧にある覚恩寺には、南北朝とされる十三重石層塔がある。この層塔は南朝の長慶天皇の墓ではないかといわれている。石材は柘榴石が目立つ流紋岩質溶結凝灰岩で、室生火山岩の岩相の一部に似ている。

佛隆寺の十三重石塔　榛原赤埴《あかはね》の佛隆寺境内に、元徳二年（一三三〇）の十三重石層塔がある。石材は流紋岩質溶結凝灰岩で室生火山岩の岩相の一部に似ている。

白岩神社の角燈籠　佛隆寺の東側にある白岩神社の参道の階段右手に、延元三年（一三三八）の石燈籠がある。記念銘が刻まれている竿石は柘榴石が目立つ流紋岩質溶結凝灰岩で、室生火山岩の岩相の一部に似ている。

以上にあげた石造物は、鎌倉時代から室町時代の初めにかけてのものである。また、岩相的には似ており、覚恩寺の十三重石塔と白岩神社の石燈籠は柘榴石の含まれ方から、おなじ場所の石材を使っているといえる。

山辺赤人の墓の北方にある額井岳《ぬかい》には室生火山岩が分布することから、付近の石で五輪塔の制作はできる。しかし、他の石造物の位置には室生火山岩が分布しないために、加工した石材を運んでいる。石材の採石地は大野付近と推定され、この地から村上義光の墓までは直線距離にしても三十キロはある。南宋の明州の石工である伊行末により、大蔵寺の十三重石塔が細川付近の石を使って建立されているが、同寺の墓地の五輪塔や近くの覚恩寺の十三重石塔は、室生火山岩製であることから、当時、牧付近に石造物を加工する石工がいなかったといえる。

3 現代の石切場

宇陀市榛原船尾《ふなお》の国道三六九号線の路傍に石切場跡がある。みごとな柱状節理がみられる。石種は流紋岩質溶結凝灰岩で、火砕流堆積物である。この石切場から採石された石に「榛原石」の名がつけられたようである。明治の中ごろから昭和五十年ころまで稼行していたようである。

滋賀県立大学教授で、榛原に住んでおられる菅谷文則様の話によれば「祖父が消防団をしていたが、村では働くところがないため、よそに出ていく。そのために火事が消せないので、働く場所としていつでも手を休めることができる石材の切り出しを考えた」ということである。

榛原を中心に菟田野《うたの》、大宇陀、奈良市都祁《つげ》の墓地にみられる石塔の石材をみれば、明治時代の終わりから昭和五十年ころまでの石塔に榛原石がみられる。この石切場からは柱状の石材を採石できるが、考古遺物の報告書や考古学の論文に掲載されているような板状の石は採石できない。

室生火山岩の使用は時期によって異なる。七世紀の終末期古墳が造られる時期には、石室材、石棺材、磚槨墳の石材、寺院の石材に板状の石が使われている。石棺や磚槨墳の石磚、寺院の石磚に使われている石材は、室生ダム西方付近の谷沿いが採石地と推定される。

一方、中世の石造物の石材は大野付近で採石されていた可能性がある。現代の榛原石は船尾付近に採石場跡がある。石材の用途によって、採石場が異なるといえよう。

4　石工と石造物

治承四年（一一八〇）十二月末、源頼政の挙兵に味方した南都の僧兵たちを攻撃した平重衡によって、東大寺や興福寺《こうふく》、般若寺《はんにゃ》が焼き討ちされる。東大寺の再建を願う重源《ちょうげん》に委託され、高齢にもかかわらず鎌倉・平泉と勧進の旅をした西行法師などの功により、東大寺の大仏殿は完成する。しかし西行法師は東大寺の再興を見ずに、文治六年（一一九〇）、和歌に託したように桜花に包まれた如月《きさらぎ》望月の翌日に河内の弘川寺で大往生をとげている。

また、東大寺の再興のために、重源は南宋明州の石工である伊《い》行末《ゆくすえ》等をよんでいる。大仏殿の再興とともに建立された天竺様の南大門の基壇に使われている石材の石種は片麻状斑状黒雲母花崗岩である。加茂から木津川対岸の山城にかけて分布する片麻状黒雲母花崗岩の岩相の一部に似ている。

伊行末を始めとする石工の制作物には、石工銘が見られるものが多く、伊派の石造物ともよばれている。伊行末制作の石造物に大蔵寺や般若寺の十三重石塔がある。

大蔵寺の十三重石塔　宇陀市大宇陀栗野の山中、龍門岳の東麓に大蔵寺がある。本堂の奥に「奈良県指定文化財　十三重石層塔　作　宗人伊行末　建立　延応二年二月四日」の立札がある。延応二年は西暦一二四〇年にあたる。東大寺再建供養が建久六年（一一九五）であることから、再建の四十五年後に大蔵寺の石塔が建立されていることになる。石材はすべて同質の石英閃緑岩である。この石英閃緑岩は、橿原市南妙法寺から明日香村を経て竜門岳にかけて分布する竜門岳石英閃緑岩の岩相の一部に似ている。

この石英閃緑岩は飛鳥地方の石造物にも多く使われ、「飛鳥石」とよばれている石である。

般若寺の十三重石塔　奈良から木津にいたるなだらかな峠道の奈良坂に般若寺がある。山門をくぐると眼前に石塔がそびえ立っている。片麻状斑状黒雲母花崗岩製の十三重石塔で、この石材は木津川市加茂町から山城町にかけて分布する片麻状斑状黒雲母花崗岩の岩相の一部に似ている。記念銘が見られないが、解体修理された時の調査により、建長五年（一二五三）頃に建立されたことが明らかになっている。

また、この寺に伊行末の子息である伊行吉が、亡父の一周忌にあたる弘長元年（一二六一）に、父の追善供養と母の息災延命を祈願して笠塔婆二基を建立している。二基ともに同質の片麻状斑状黒雲母花崗岩で、十三重石塔の石材と同質である。

般若寺の十三重石塔も大蔵寺の十三重石塔も制作者は伊行末で、大蔵寺の石塔を建立して十三年後に般若寺の石塔を建立している。前者は細川付近に分布する石英閃緑岩を使っており、後者は加茂付近の石を使っている。

5　石工集団

城郭の石垣に残るほぼ等間隔に方形の矢穴をあける技術がみられる最古のものは、高野山の「七十七町石」であろう。この町石には文永五年（一二六八）の銘があり、石材は片麻状斑状黒雲母花崗岩で、木津川市加茂付近に分布する花崗岩の岩相の一部に似ている。このことから加茂付近には文永五年頃に矢穴をあけて、石を加工する石工集団がいたと推定される。

高野山の奥之院側「三十五町石」は文永三年（一二六六）の銘があり、御影石である。加茂付近の石や御影石を町石に多量に使っていることから、加茂や御影には石工集団が文永の時期にはおり、石材の切り出し・加工に従事していたといえる。

京都府南部の木津川市加茂町から山城町にかけての石材は、般若寺の十三重石塔や木津総墓の五輪塔(鎌倉時代)、東大寺南大門の基壇等に使われており、加茂付近には鎌倉時代の初めごろから片麻状斑状黒雲母花崗岩を加工する石工集団がいたといえる。

鎌倉時代後期になると、和泉山脈の南部付近に、礫質砂岩を加工する石工の集団、紀ノ川流域に結晶片岩を加工する石工の集団がみられるようになる。また、室町時代の初めになると、大野付近で室生火山岩を加工する石工の集団がいたといえる。

現存する石造物から石工集団の時期的な分布をみると、京都府南部の加茂付近の集団がいちばん古く、つぎに御影付近、大野付近、和泉山脈の南部付近、紀ノ川の片岩を加工する集団となる。各地域での石造物の年代と石種がわかれば、石工集団の様相がより明確にされることであろう。

6　石材の流通

石材の流通を考えるとき、このように石工が一定の石切場で石材を加工している期間と、そこで加工された石材が各地に運ばれる流通範囲との関係をみる必要がある。

広く運ばれる石材と狭い範囲でしか流通していない石材とがある。

(1) 高野山の町石

高野山の町石は前にもふれたように、山麓の慈尊院から奥之院まで二百十六基ある。記念銘から判断すれば、文永三年（一二六六）から弘安四年（一二八一）の間にすべての町石が建立されていることになる。その後、破損により天正十八年（一五九〇）、明和七年（一七七〇）から寛政三年（一七九一）にかけて、大正二年（一九一三）、昭和三十五年（一九六〇）、最近では平成八年に修復されている。

創建時の町石の石材は黒雲母花崗岩、片麻状黒雲母花崗岩、片麻状斑状黒雲母花崗岩である。黒雲母花崗岩は、岩相的に神戸市東灘区御影付近の黒雲母花崗岩の岩相の一部に似ている。御影石とよばれている石である。片麻状黒雲母花崗岩は岩相的に奈良の春日山付近の石の岩相の一部に似ている。春日石と呼ばれている石である。片麻状斑状黒雲母花崗岩は、岩相的に木津川市加茂付近の石の岩相の一部に似ている。創建時に、神戸や加茂・奈良から石材が運ばれている。当時、御影や春日、加茂付近に多量の石材を採石し、加工できる石工集団がいたのだろう。

天正十八年銘の町石は砂岩製である。砂岩が使われているのは、奥之院側の三十三町石だけである。中粒で均質な砂岩で、岩相的には和泉層群の砂岩の岩相の一部に似ている。和泉南部で採石されたものであろう。高野山奥之院参道沿いにある信州諏訪家墓所では慶長十年（一六〇五）と寛永四年（一六二七）の五輪塔に砂岩（和泉石）が使われ、寛永四年以降のものには御影石が使われている。諏訪家の五輪塔には、古い時期のものに砂岩、時期が新しくなると御影石が使われている。

明和七年から寛政三年にかけての江戸時代の町石は、黒雲母花崗岩である。江戸期のものは地輪部の上方の角に面取りがある。高野山の山上の入口にあたる大門から、奥之院への参道の墓地入口付近までの間にある再建町石に多くみられる。この町石には桃色の長石が多く、御影石や万成石の岩相とわずかに異なる。広島方面の山陽型花崗岩であろうか。

大正二年再建の町石は黒雲母花崗岩で、頭部と身部が接合されている。創建時から江戸時代にかけてのような一つの石ではない。また、この時の修復は、江戸時代のように宿坊や民家が立ちならぶ山上付近の修復だけでなく、慈尊院からの町石道の全体におよんでいる。

再建町石は形からも一見してわかる。身部は正面からみれば、幅が二十七、八センチで、奥行きは二十五～七センチと、鎌倉期や江戸期のものに比べてやや細い。石材は淡桃色で、粒状の赤桃色の長石が目立つ。御影石に比べてやや赤みがあり、粒が粗い。岩相的には岡山県の万成山の黒雲母花崗岩に似ている。万成石とよばれている石である。

昭和三十五年の石塔婆は斑状黒雲母花崗岩である。頭部は修復され、身部は創建時のものであると推定される。頭部は斑状黒雲母花崗岩で、岩相的に牟礼半島に分布する斑状黒雲母花崗岩の岩相の一部に似ている。身部はかすかに片麻状を示す斑状黒雲母花崗岩である。加茂付近に分布する弱片麻状斑状黒雲母花崗岩の岩相の一部に似ている。

鏡石の手前にある三十町石は、頭部が平成八年に修復され、地輪部は創建期のものである。おそらく頭部が欠損したために補修されたのであろう。頭部は鑿《のみ》による調整加工ではなく、現代流の裁断・研磨による加工痕がみられる。牟礼半島に分布する花崗閃緑岩の岩相の一部に似ている。角閃石がみられる庵治石に似ている。地輪部の石は神戸市東灘区御影付近に分布する黒雲母花崗岩の岩相の一部に似ている。寸法的にも鎌倉時代の町石に似ていることから、鎌倉時代の地輪部に欠損した部分を庵治石で補修したのであろう。

以上のように、高野山の町石は、創建時、加茂や春日付近の石と御影石が使われているが、中世末では和泉南部の砂岩、近世になると広島付近？の黒雲母花崗岩、現代になれば岡山の万成石を主とし、わずかに庵治石も使われている。時期によって使われている石材が異なるといえる。高野山町石道と少しはなれるが、九度山《くどやま》町に隣接するかつらぎ町天野里《あまののさと》に丹生都比売《にゅうづひめ》神社がある。この神社の北東にある広場に供養の石塔婆（一石五輪塔）が六基並んで建てられている。これは高野山の町石と同じ形をした五輪塔で、大きさもよく似ている。これら石塔婆の石種と年代、石材の採石地について南側から北側（右から左）の順にみてみよう。

石塔婆A　砂岩　延元元年（一三三六）丙子九月廿八日　石大工国長　和泉南部
石塔婆B　絹雲母石英片岩　正安四（一三〇二）壬寅眼□四月二十一日　定円　紀ノ川流域
石塔婆C　砂岩　元禄二己巳年（一六八九）卯月吉祥日　和泉南部

石塔婆Ｄ　礫質砂岩　　正應六年（一二九三）癸巳四月二十一日　　和泉山脈南麓
石塔婆Ｅ　黒雲母花崗岩　文保三年（一三一九）四月廿一日　神戸市御影（御影石）
石塔婆Ｆ　点紋片岩　寛文□二壬寅年（一六六二）孟夏日　紀ノ川右岸

このように紀ノ川流域や和泉南部、御影と各地から運ばれている。石塔婆Ｄと同質の石材の五輪塔は九度山町の慈尊院にある二基の五輪塔である。記念銘がないためはっきりしないが、鎌倉時代の様相をしている。

また、石塔婆Ｄは和泉層群の砂岩や礫質砂岩を使って作られた石造物で最古の銘を残しているものではないだろうか。石塔婆Ｂも紀ノ川流域の結晶片岩が石材として使われ始めた最初を示すものと考えられる。

(2) 比　曽　石

比曽《ひそ》の地名は「比蘇寺」が建立されたことによるらしい。日本霊異記の上巻に「仏法を尊信して現世の報いを得た話　第五」に比蘇寺に安置されている阿弥陀仏像の由来が書かれている。また、大津市にある園城寺（三井寺）の三重の塔は比蘇寺の東塔を慶長六年（一六〇一）に移したものであるとされている。

現在、比蘇寺は世尊寺とよばれている。吉野郡大淀町比曽にある世尊寺付近から吉野川にいたる範囲は、結晶片岩の分布地域だが、吉野川の右岸に川とほぼ並行に石英安山岩の岩脈が一本分布している。岩脈には膨縮があり、大淀町出口付近では幅が十メートルほどである。

出口の近鉄吉野線の踏切を越え、更に進むと道が東に曲がりこんでいる谷部にコンクリートの要壁がある。この谷を登れば、比曽石の石切場跡に着く。石切場は西方の谷を挟んだ向かい側にもあったようである。出口にある和田石材店の先祖が開発した石切場だそうである。店主の話によれば「如意林寺にある供養塔が石材を切り出しかけた頃のもので、昭和四十年頃に採石をやめた。蔵王堂の階段や世尊寺の塔の礎石など方々にこの石が運ばれている」と、いうことであった。淡赤色〜灰色の石で、自形の石英が目立ち、長石と黒雲母が含まれている。比曽石製の石造物をあげる。

如意林寺の供養塔	寛文二年（一六六二）七月十五日	吉野郡吉野町	如意林寺境内
石燈籠	元禄拾一年（一六九八）霜月吉日	吉野郡川上村迫《さこ》	丹生川上神社上社境内
石燈籠	元禄十二年（一六九九）四月吉日	吉野郡川上村迫	丹生川上神社上社境内
石燈籠	宝暦十庚辰年（一七六〇）	吉野郡川上村迫	丹生川上神社上社境内
石燈籠	安永二歳（一七七三）九月吉日	橿原市見瀬《みせ》町	牟佐坐神社境内
村上義光の顕彰碑	天明三年（一七八三）冬十月	吉野郡吉野町中千本	駐車場北
石燈籠	嘉永四年（一八五一）二月吉日	高市郡高取町佐田	春日神社境内

年代が不明のもので多量に使われているものに、比曽寺の塔の礎石、蔵王堂の階段の石材などがあ

る。江戸時代の時期だけだが、吉野川の上流十五キロの川上村迫、陸路十キロの橿原市見瀬まで石造物が運ばれている。

吉野山にある如意林寺の境内には、「越州敦賀講中　文化十四年（一八一七）丁丑七月吉日」と刻まれた緑色凝灰岩製の燈籠がある。笏谷石と推定され、福井付近で制作された燈籠が運ばれている。

またこの寺の境内には、年代が不明であるが、香川県豊島《てしま》に産する豊島石製の燈籠もみられる。

3章　石からみた古墳の造営

京都の伏見に明治天皇の桃山《ももやま》御陵、東京の多摩に大正天皇陵、昭和天皇陵がある。どれも上円下方墳である。このような特例を含めれば、現代でも古墳が造られているから、現代も古墳時代にはいるかもしれない。それはさておき、三世紀から八世紀まで古墳が造られている。

これらの古墳は前期古墳、中期古墳、後期古墳、終末期古墳に区分される。石室や石槨、石棺の形、使われている石材もそれぞれの時期に応じて変わっている。時期と、石室や石槨、石棺に使われている石材のあいだには深い関係がある。また、使われている石材には地域性がある。このような現象は当時の社会の状況を反映していると考えられる。

1　箸墓と大坂山の石

日本書紀の崇神天皇十年九月の条に箸墓の造営について、つぎのような記述がある。

「……倭迹迹姫命は御諸《みもろ》山を仰ぎ見て、後悔しながら急居《つきい》した（どすんとすわった）。そのとき、箸が陰部に撞《つ》きささって薨《こう》じられた。そこで大市《おほち》に葬った。だから、時の人は、その墓を名づけて箸墓というのである。この墓は、昼は人が作り、夜は神が作った。大坂山の石を運んで築造した。そのとき、山から墓に至るまで人民が立ち並んで、手から手へ石を渡して運んだ。時の人は歌をよんで、

大坂に　継ぎ登れる　石群《いしむら》を　手逓《たご》伝《し》に越さば　越しかてむかも

といった。」

日本書紀で墓の築造が記述されているのは、この部分だけである。

いまから二十年ほど前には、箸墓古墳の北側にある箸中大池の斜面に橄欖《かんらん》石玄武岩の板石が散在していた。板石の木口部には赤色顔料が付着しているものもまれにみられた。しかし、現在、まったくみられない。

十年ほど前に実施された陵墓地外の発掘調査により、前方部北側の葺石の裾部が出土した。葺石の石材には、橄欖石玄武岩あるいは橄欖石安山岩の板石が一枚もみられなかった。

箸墓古墳は陵墓となっているために、墳丘内に立ち入ることができないが、池の斜面に散在していた板石は、古墳の上方から転落してきた石と考えられ、古墳の石材の一部であったと推定される。

橄欖石玄武岩は、柏原市国分市場にある芝山の南東部に分布する芝山火山岩の岩相の一部に似ている。また、ここでは箸中大池斜面の石とおなじような大きさの板石がみられる。河内国分寺跡付近か

ら眺めれば、芝山火山岩が分布している付近が少し窪《くぼ》んでいる。このようなことから、箸墓古墳の板石は芝山から運んだものだろう。

日本書紀に記述された箸墓が、現在の箸墓古墳に相当するものとすれば、芝山の橄欖石玄武岩の板石が大坂山の石に相当し、芝山が大坂山となる。

芝山火山岩の分布域は窪んでいるが、採石される以前は、生駒市にある宝山寺の御神体のように、突出した岩体と推定される。大和や河内、遠くは神戸の西求女塚古墳にまで芝山火山岩が運ばれているることからすれば、古代に多量に採石されたため、現在では突出部が逆に窪み部に変化したのであろう。

このような推定をもとにすれば、書紀の労働歌「大坂に　継ぎ登れる　石群を　手逓伝に越さば越しかてむかも」の解釈として、「継《つ》ぎ登れる石群《いしむら》」は芝山にかつて存在した突出部の芝山火山岩に板状の割れ目（板状節理）が顕著に入り、山の下から眺めれば板石が幾重にも重なっているように見えた様子を表現しているのであろう。

「手逓伝《たごし》に越さば越しかてむかも」は、「積み重なっている板石を山の上から下へ手渡しで運んだ。全部運び終えることができるのであろうか。たくさんあるなあ」といっている様子であろう。

天理市の黒塚古墳の発掘では、石室材に芝山火山岩と推定される橄欖石玄武岩の板石が使われていた。小さな石は一人でも運べ、手渡しもできたが、大きな板石となると二人で運ばなければならず、手渡しできるようなものでなかった。

昭和三十四年九月に襲来した伊勢湾台風によって、吉野川（紀ノ川が正式な名称であるが、奈良県では吉野川とよんでいる）流域が洪水となり、多大の被害を生じた。そのために水量調節を目的とした堰堤の高さが百メートルを越える大滝ダムが、吉野郡川上村大滝に建設されている。堰堤の高さが百メートルを越すダムの建設は、このダムが日本で最後となるといわれている。

ダムが建設されれば、川上村迫にある日本書紀にも記されている丹生《にう》川上神社上社が水没するため、移築された。跡地の発掘調査がされたときに気づいたが、神社の入口―拝殿―神殿―吉野川を越えた山腹の大きな岩（岩倉？）とが直線上に並んでいる。また、社地が東に張り出した河岸段丘にあたる。

神社があったころは、建物や樹齢三百年を越す杉の大木に囲まれて位置関係がつかめなかった。本殿の発掘によって、現本殿跡の下に江戸時代の本殿跡、さらに下に鎌倉時代の本殿跡、その下に平安時代の石敷が検出された。平安時代から本殿（祭地の跡）の位置は動いていないことになる。

対岸の斜面に突出した岩倉の岩はチャートの巨岩である。また、安山岩の巨岩の前に火を燃やす祭壇が月山の頂上でもみられる。大峰山の本堂の裏にはチャートの巨岩がある。

芝山の安山岩・玄武岩の分布地はかつて突出した岩山となっており、岩倉として崇められていたが、板石が採石できるため、神秘な石として石室にされた可能性も見のがせない。

2　使用傾向がある竪穴式石室の石

河内・大和・摂津・山城に分布する前期古墳の竪穴式石室に使われている石材は、地域によって異なる。奈良盆地内では二上山系石材が使われ、淀川流域では紀伊・阿波系石材と東条川系の石材が使われている。奈良盆地・河内平野、淀川流域、東条川流域と、地域を区分して石材の使用傾向を述べる。

A　奈良盆地・河内平野の古墳の石

二上山系石材には、芝山の橄欖石玄武岩・橄欖石安山岩のほかに、羽曳野市春日山の輝石安山岩、生駒郡三郷町亀《かめ》の瀬《せ》の輝石安山岩などがある。

芝山は大和川が亀の瀬の峡谷をぬけて河内平野にでる位置にあたる柏原市国分市場にあり、東西にJR関西本線のトンネルが通っている。橄欖石玄武岩や橄欖石安山岩が、この山の東南部に分布する。岩体の南側では橄欖石が裸眼でもみられるような玄武岩が分布し、岩体の北側では橄欖石が細粒の安山岩となる。

春日山は、現在の採石場跡となっており、現状からでは過去の採石場を推定できない。春日山火山岩は岩相に変化があり、株山付近の岩体の周辺部ではガラス質のサヌカイト様となっている。全体的には斑晶が細かく、流理が顕著な輝石安山岩である。

亀の瀬の輝石安山岩は、現在、地滑りによって大和川の河床が押し出され隆起している部分の右岸の崖に分布する板石である。ドロコロ火山岩とよばれ、単斜輝石と斜方輝石を含む安山岩で、構成粒の輝石は中粒のものや細粒のものがある。

奈良県では天理市にある中期古墳の櫛山古墳、広陵町の巣山古墳、藤井寺市の津堂城山古墳の石室材、柏原市では前期初頭の古墳である玉手山九号墳の石室材に使われている。

石室を造る場合、同質の石材で造られている場合と、混ざった石材によって造られている場合とがある。

黒塚古墳　石室の壁石下部に斑糲岩《はんれいがん》や黒雲母花崗岩、片麻状黒雲母花崗岩の川原石様の石、上部に輝石安山岩や橄欖石《かんらんせき》玄武岩、橄欖石安山岩の板石が使われていた。また、上部の板石の中に一石のみ石英斑岩の川原石様の石があった。天井石は橄欖石玄武岩であった。川原石様の石のほとんどはこの古墳の東にある巻向川で採石できる石である。一石のみの石英斑岩は山科付近の石である。輝石安山岩は春日山火山岩の岩相の一部に似ており、橄欖石玄武岩や橄欖石安山岩は、芝山に分布する芝山火山岩の一部に似ている。このように石室を造るのに、少なくとも四か所から石材を運んでいる。

中山大塚古墳　石室の石材に輝石安山岩の板石が多く、ごくまれに柘榴石黒雲母安山岩の板石が使われていた。残存している天井石は輝石安山岩であった。輝石安山岩は春日山火山岩の岩相の一部、柘榴石黒雲母安山岩は二上山の鞍部から西方に下る山麓にみられる石切場火山岩の岩相の一部に似ている。春日山へは香芝市逢坂から田尻峠を越えて行くことができ、逢坂付近の竹田川に柘榴石黒雲母安山岩の礫がみられる。

東殿塚古墳　舟の絵が円筒埴輪に描かれていて一躍有名になった古墳である。前例をみない形態の埴輪が前方部の西側下段に祭壇状にまとまって立てられていた。この埴輪とともに出土した土器には吉備や因幡・但馬、播磨、湖東などの器形と砂礫構成を示すもの、器形は各地の形態を示すが在地の砂礫構成を示すものがあった。これらの土器は形態的に米田編年による庄内Ⅴ・布留Ⅰの時期を示している。

この古墳の後円部の墳頂には石材が散在している。こぶし大の片麻状黒雲母花崗岩の礫に赤色顔料が残るものもあった。また、板石には、橄欖石玄武岩や石英斑岩があった。

K氏が所蔵している採取品をみせていただいたなかには、輝石安山岩や紅簾石片岩もあった。橄欖石玄武岩は芝山火山岩の岩相の一部に似ている。輝石安山岩は春日山火山岩の岩相の一部に似ており、紅簾石片岩は南淡路市の沼島の紅簾石片岩の岩相の一部に似ている。いままで確認している大和の古墳で、結晶片岩が使われている最古の古墳といえる。

下池山古墳　石室の石材に橄欖石玄武岩や橄欖石安山岩の板石、親指大からこぶし大の川原石様の

竪穴式石室の石材とその採石推定地

古墳名	所在地	使用位置	石　種	採石推定地	備　考
櫛山古墳	天理市	壁石？	輝石安山岩Ｂ	亀ノ瀬付近	長持形石棺
島ノ山古墳	川西町	壁石？	橄欖石安山岩	柏原市芝山	長持形石棺
		天井石？	火山礫凝灰岩	高砂市東部	
宮山古墳	御所市	壁石	結晶片岩	五条市阿田付近	長持形石棺
		天井石	火山礫凝灰岩	高砂市東部	長持形石棺
玉手山９号墳	柏原市	壁石	輝石安山岩Ｂ	亀ノ瀬付近	山陰系土器？
玉手山３号墳	柏原市	壁石？	橄欖石玄武岩	柏原市芝山	割竹形石棺
茶臼塚古墳	柏原市	壁石	輝石安山岩Ｃ	？	
			紅簾石片岩	南淡路市沼島	
松岳山古墳	柏原市	壁石	橄欖石安山岩	柏原市芝山	長持形石棺
		？	緑泥石片岩	南淡路市沼島	
津堂城山古墳	藤井寺市	壁石？	輝石安山岩Ｂ	亀ノ瀬付近	長持形石棺
		？	緑泥石片岩	南淡路市沼島	
		天井石	火山礫凝灰岩	高砂市東部	
将軍山古墳	茨木市	壁石	紅簾石片岩	南淡路市沼島	
			緑泥石片岩	南淡路市沼島	
			石英斑岩	山科付近	
			輝石安山岩Ｂ	亀ノ瀬付近	
		天井石	アプライト	天理市滝本付近	
		天井石	橄欖石安山岩	柏原市芝山	
		天井石	花崗岩質砂岩	和泉南部？	
紫金山古墳	茨木市	壁石？	石英安山岩質溶結凝灰岩	篠山市今田付近	
		壁石？	輝石安山岩Ｄ	？	
		壁石？	輝石安山岩Ｂ	亀ノ瀬付近	
森１号墳	交野市	壁石？	泥質片岩	五条市阿田付近	
鍋塚古墳	交野市	壁石？	泥質片岩	五条市阿田付近	
元稲荷古墳	向日市	壁石？	緑泥石片岩	五条市阿田付近	吉備型特殊器台
		天井石？	石英斑岩	京都市山科付近	
椿井大塚山古墳	相楽郡	壁石	輝石安山岩Ａ	羽曳野市春日山	
		壁石？	橄欖石安山岩	柏原市芝山	
		天井石	輝石安山岩Ｂ	亀ノ瀬付近	
茶臼山古墳	池田市	壁石？	石英安山岩質溶結凝灰岩	篠山市今田付近	
娯三堂古墳	池田市	壁石	石英安山岩質溶結凝灰岩	篠山市今田付近	
西求女塚古墳	神戸市	壁石	橄欖石玄武岩	柏原市芝山	
		天井石	点紋片岩	五条市阿田付近	

		天井石	石英安山岩質溶結凝灰岩	篠山市今田付近	
弁天塚古墳	橿原市	壁石？	橄欖石玄武岩	柏原市芝山	吉備型特殊器台
		壁石？	輝石安山岩Ａ	羽曳野市春日山	
天神山古墳	桜井市	壁石	輝石安山岩Ａ	羽曳野市春日山	
箸墓古墳	桜井市	壁石？	橄欖石玄武岩	柏原市芝山	吉備型特殊器台
纒向石塚古墳	桜井市	壁石？	橄欖石玄武岩	柏原市芝山	
メスリ山古墳	桜井市	壁石？	輝石安山岩Ｂ	亀ノ瀬付近	
中山大塚古墳	天理市	壁石	輝石安山岩Ａ	羽曳野市春日山	吉備型特殊器台
			柘榴石黒雲母安山岩	葛下川の穴虫～逢坂付近	
黒塚古墳	天理市	壁石	橄欖石玄武岩	柏原市芝山	
			輝石安山岩Ａ	羽曳野市春日山	
			黒雲母花崗岩	纒向川	
			斑糲岩	纒向川	
馬口山古墳	天理市	壁石？	橄欖石玄武岩	柏原市芝山	吉備型特殊器台
波多古塚古墳	天理市	壁石？	橄欖石玄武岩	柏原市芝山	吉備型特殊器台
西山古墳	天理市	壁石？	橄欖石玄武岩	柏原市芝山	
		壁石？	輝石安山岩Ｂ	亀ノ瀬付近	
小岳山古墳	天理市	壁石？	橄欖石玄武岩	柏原市芝山	
西殿塚古墳	天理市	壁石？	橄欖石玄武岩	柏原市芝山	吉備型特殊器台
			橄欖石安山岩	柏原市芝山	
下池山古墳	天理市	壁石	橄欖石安山岩	柏原市芝山	
		壁石	橄欖石玄武岩	柏原市芝山	
燈籠山古墳	天理市	壁石？	橄欖石玄武岩	柏原市芝山	
			紅簾石片岩	南淡路市沼島	
			緑泥石片岩	南淡路市沼島	
西山塚古墳	天理市	壁石？	橄欖石安山岩	柏原市芝山	
上ノ山古墳	天理市	壁石？	輝石安山岩Ａ	羽曳野市春日山	
ヒエ塚古墳	天理市	壁石？	橄欖石安山岩	柏原市芝山	
マバカ古墳	天理市	壁石？	橄欖石安山岩	柏原市芝山	
東殿塚古墳	天理市	壁石？	橄欖石玄武岩	柏原市芝山	
		壁石？	輝石安山岩Ａ	羽曳野市春日山	
		壁石？	紅簾石片岩	南淡路市沼島	
柳本大塚古墳	天理市	壁石？	橄欖石安山岩	柏原市芝山	

黒雲母花崗岩や片麻状黒雲母花崗岩が使われていた。川原石様の礫は板石の裏込め石に使われているようであった。橄欖石玄武岩や橄欖石安山岩は芝山火山岩の岩相の一部に似ている。黒雲母花崗岩や片麻状黒雲母花崗岩は、この古墳の東方付近に分布する黒雲母花崗岩や片麻状黒雲母花崗岩の岩相の一部に似ている。

椿井大塚山古墳　石室の天井石は三郷町亀ノ瀬付近の輝石安山岩である。石室の壁材については、個人的に収蔵されているのを観察させてもらったが、橄欖石安山岩や結晶片岩であった。輝石安山岩は春日山火山岩の岩相の一部に似ている。橄欖石玄武岩は、芝山火山岩の岩相の一部に似ており、結晶片岩は紀ノ川流域や沼島付近に分布する結晶片岩の岩相の一部に似ている。天井石は移築されたものであり、橄欖石安山岩や結晶片岩は、石室付近に散在していた石のようである。

玉手山九号墳　大阪府柏原市の西南部から羽曳野市にかけて南北につらなる玉手山丘陵の中間部に位置し、この丘陵では一番古い古墳である。石室材には複輝石安山岩が使われていた。また、使用場所は不明だが、緑泥石片岩もわずかにみられたようである。複輝石安山岩は亀の瀬に分布するドロコロ火山岩の岩相の一部に似ている。

玉手山七号墳　玉手山丘陵の最高所にあり、後円部の墳頂に大坂夏の陣で戦死した人々の供養を目的に建てられたとされる宝篋印塔がある。宝篋印塔の東側にこの石塔とは関係ないと推定される板石や、親指大から小指大の亜円~亜角礫がみられる。これらの礫は黒雲母花崗岩やガラス質凝灰岩が多く、砂岩や石英斑岩がわずかである。板石は竪穴式石室の石材と推定され、石種は橄欖石玄武岩や橄欖石安山岩が多く、石墨片岩、紅簾石片岩がわずかである。橄欖石玄武岩や橄欖石安山岩は芝山火山岩の一部に似ており、紅簾石片岩や石墨片岩は、沼島付近の石に似ている。

黒塚古墳や椿井大塚山古墳の年代は米田氏の庄内Ⅳに相当し、芦屋市教育委員会の森岡秀人氏の実年代に合わせると、西暦二百六十年頃となる。この時期は邪馬台国の女王であった卑弥呼が亡くなり、台与が晋に使者を送っているころである。

天理市の中山大塚古墳や同市天神山古墳、箸墓古墳は黒塚古墳や椿井大塚山古墳等に先行する古墳である。また、下池山古墳は布留Ⅱの時期の古墳と推定される。このような年代観から、春日山に分布する輝石安山岩は、庄内式土器が使われていた時期の古墳に限られてくる。

芝山火山岩の使用は、箸墓古墳にもみられるように、庄内式土器の使用時期から布留式土器の使用時期まで使われている。東殿塚古墳は、前方部の下段に設けられた祭壇状の遺構の土器が庄内Ⅴ・布留Ⅰの時期を示している。また、同墳の石室材には橄欖石玄武岩と紅簾石片岩が使われている。河内にある玉手山古墳群の古墳では、埴輪による形態比較から東殿塚古墳と玉手山三号墳がおなじ時期の古墳となる。時期と石材の関係をみれば、玉手山三号墳に先行する玉手山九号墳の石室材に春日山や芝山の石が使われていてもよいのに、亀ノ瀬の石が使われており、大和と河内の発生期の古墳の石材の使われ方がちがう。

B　淀川流域の石室材

紫金山古墳　茨木市にある前方後円墳である。後円部の墳頂は給水施設のために昭和二十二年に発掘され、現在、施設のセメント塊だけが残っている。墳丘斜面の地肌にはガラス質凝灰岩等のこぶし大の礫がみられ、墳頂付近ではまれに竪穴式石室の石材と推定される板石がころがっている。

この石材は石英の斑晶が目立つ石英斑岩である。裸眼では石英と長石の斑晶がみられ、ルーペや実体顕微鏡で観察すると黒雲母や輝石の細粒斑晶がみられ、溶結している。このようなことから、石英安山岩質溶結凝灰岩になるが、すべての石材をルーペや実体顕微鏡で観察できないために、裸眼で観察した石英斑岩の名称をつかう。

将軍山古墳　茨木市にあり、昭和三十一年に発掘された前方後円墳である。南に張り出した丘陵上にあり、住宅地になるために石室が移築された。藤原鎌足にまつわる将軍塚古墳の西側にあり、人目につきにくい。発掘時から石室材に結晶片岩が多く使われている古墳として注目されていた。

移築された石室には、移築時に石材を補充していないと聞く。石室の壁石には紅簾石片岩が多量につかわれ、緑泥石片岩がわずかにみられる。緑泥石片岩は結晶粒が粗くなっており、紅簾石片岩の分布する付近のものと似ている。紅簾石片岩は沼島付近の紅簾石片岩に似ている。

天井石はアプライトや橄欖石安山岩、石英斑岩、砂岩である。アプライトは、天理市滝本付近に分布するアプライトの岩相の一部に似ている。橄欖石安山岩は、柏原市の芝山火山岩の岩相の一部に似ている。石英斑岩は京都市の山科と大津市の境付近に分布する石英斑岩の岩相の一部に似ている。砂岩は岩相的に似た石をみていない。

向日市の元稲荷古墳では、砂岩、結晶片岩、石英斑岩が石室材に使われていたと推定されることから、将軍山古墳の壁石の石材の使用とおなじである。しかし、将軍山古墳の場合、天井石は少なくとも三地域から運ばれている。

奈良盆地内の古墳では壁石と同じ石が天井石に使われているが、このことは竪穴式石室を閉塞することとなんらかの関係があるのであろう。

鍋塚古墳　交野市南部の山中で、海抜二百メートルほどの高所に位置する。石室の部分は山道となっており、石室材が散在していた。石材は観察されるかぎり、石墨片岩や緑泥石片岩であった。

森一号墳　鍋塚古墳の東方に位置し、後円部の墳頂には盗掘により開けられたと推定される窪みがある。この窪みの底に緑泥石片岩の板石がみられた。この石は石室材と推定される。

元稲荷古墳　向日市の丘陵上に位置し、給水施設をつくるために発掘調査された古墳である。現在、この給水施設は使われていない。給水施設の周囲の斜面に石墨片岩や緑泥石片岩、石英斑岩の板石が散在している。これらの石は石室材の一部であろう。

寺戸大塚古墳　平成になって、前方部にある石室の調査がされた。そのとき、石室材を観察することができた。石材は輝石安山岩と橄欖石安山岩である。輝石安山岩は亀の瀬付近の輝石安山岩に岩相的に似ている。橄欖石安山岩は岩相的に芝山火山岩と異なり産地不明である。

寺戸大塚古墳や椿井大塚山古墳の石室の石材の例をのぞけば、他の古墳では結晶片岩か石英斑岩の板石が使われている。基本的には結晶片岩と石英斑岩が使われていたのであろう。石室全体の石をみていないために生じている現象かもしれない。

元稲荷古墳は庄内Ⅴ・布留Ⅰの時期で、東殿塚古墳とおなじ時期である。結晶片岩は近くでは吉野川流域の五条市阿田付近に行かなければ採石できない石である。石英斑岩は京都市山科付近で採石できる石である。

距離的にみれば、紀ノ川方面よりも二上山付近の方がはるかに近い。淀川の流域に古墳を造った豪族のグループは、山科付近や阿田付近から石材を運んでいたグループで、二上山系石材を使えなかったか、使おうとしなかったグループといえる。

しかし、山城の南部で淀川水系にはいる位置にある椿井大塚山古墳、桂川水系にはいる寺戸大塚古墳では、奈良盆地の古墳にみられるような石材も使われている。

C　東条川流域の石室材

東条川系石材は、篠山市付近を中心に分布する板状節理が顕著な石英安山岩質溶結凝灰岩である。

裸眼では石英や長石の斑晶が認められる石英斑岩であるが、輝石は実体鏡やルーペによらなければわからない。

娯三堂古墳　池田市の五月山公園にあり、石室の途中で段差がついている珍しい古墳である。石室の築造時は平坦であったが、墳丘に地滑りが生じたために、石室にずれが生じたようである。石室材はすべて石英斑岩である。

茶臼山古墳　石室材と推定される板石が後円部の墳頂に散在していた。板石は石英斑岩である。石英斑岩の板石は豊中市の大石塚古墳でもみられる。また、淀川流域の古墳の石室材にも使われ、西では神戸市の西求女塚《にしもとめづか》古墳の天井石にもみられる。二上山系石材の芝山火山岩が大和・河内の古墳に使われているように、石英斑岩は篠山市の今田付近が採石地と推定され、摂津の古墳に使われている。

3　西求女塚古墳の石材と被葬者

神戸市にある西求女塚古墳は、阪神大震災で橋脚が倒れた阪神高速神戸線のすぐ北側に位置する。前方後方墳の後方部の南側が断層によってずれ落ち、その部分の石室材が残っていた古墳である。「この断層は慶長の大地震（伏見大地震）によって生じたと推定される」と、調査していた産業技術総合研究所の寒川旭氏から平成七年の正月ころに聞いた。

この地震は、伏見城に被害があったことから、伏見地震とされているが、被害は須磨の方がひどかったようである。須磨寺の塔が倒壊している。

関東大震災では被害が東京で大きかったようだが、相模灘の江ノ島付近では江ノ島が隆起する大きな地殻変動をおこしている。震源地と地震による被害がひどい場所とは一致しないことがある。

地震のことはさておき、西求女塚古墳の石室の壁石には橄欖石玄武岩が使われ、天井石には点紋片岩、石英安山岩質溶結凝灰岩が使われている。壁石の橄欖石玄武岩は柏原市の芝山火山岩、点紋片岩は五条市阿田付近の点紋片岩の一部、石英安山岩質溶結凝灰岩は兵庫県篠山市今田付近の石英斑岩の岩相の一部に似ている。奈良盆地内の古墳では芝山火山岩を天井石に使っている古墳があることから、芝山火山岩をこのように壁石に使用はできても、天井石に使用できないとはいえない。わざわざ天井石を紀ノ川や東条川流域から運んで来ることに意義があるといえる。

西求女塚古墳は出土している土器の形態から庄内Ⅳの時期に相当し、椿井大塚山古墳や黒塚古墳とおなじ古い時期の古墳である。これらの古墳よりも時期がさらに古い古墳に中山大塚古墳や橿原市の弁天塚古墳がある。庄内期の古墳に使われている石室材は、芝山火山岩や春日山火山岩に相当する二上山系石材である。これに比べ、淀川流域の元稲荷古墳や鍋塚古墳では阿田付近の結晶片岩が使われている。

西求女塚古墳の被葬者を使用されている石材から推定すれば、「大和・河内の勢力と強く結ばれた人であり、紀ノ川流域の結晶片岩の石材を使用する勢力、東条川流域の石材を使用する勢力とも結ばれた人である」といえる。では、河内・大和の石材を使用する勢力の中心、東条川系石材を使用する勢力の中心、結晶片岩の石材を使用する勢力の中心はどの地にあったのであろうか。その中心が石材の採石地だったとはいえない。

総社平野の東部を中心にして分布する吉備型特殊器台・特殊壺が、弥生時代の終わりから古墳時代の初頭にかけて、吉備地方を中心に使われている。この特殊器台・特殊壺は奈良盆地東南部の古墳はもとより、出雲の西谷三号墓や近江の壺笠山古墳と、広い範囲にわたって運ばれている。岡山市を中心に分布する特殊器台・特殊壺の砂礫の観察をしていたおりに、吉備地方の石室の石材も観察した。

岡山市付近の古い時期の石室には、輝石安山岩が使われている。岡山市付近にはみられない石で、瀬戸内火山岩石区の安山岩に似ている。このような安山岩が分布する小豆島や豊島、讃岐の屋島や五色台と、石材の安山岩の岩相と合う石を求めて足を進めた。

最初に行ったのが小豆島の皇踏山《こうとう》である。山に登ったのは十二月三十日であった。木枯らしが吹きすさぶだろうとおもい、防寒具を着こんで山に登ると、暑くて暑くて防寒具を脱ぎ、腕まくりをして登りつつ、安山岩の観察をした。

一メートルや二メートルの厚さの節理面を持つ石で、岩相的にも斑晶がみられ、あきらかに吉備地方の石室材のような板石とはちがう石だった。

頂上に着き、宇奈月グランドホテルの社長である狐塚省蔵氏に「小豆島はオリーブが育つような気候なので、冬でも暖かいのかなあ」と、話しかけた。翌日の新聞紙面には「異常気象」の見出しがあった。

下山して白浜海岸付近の安山岩の調査をし、豊島《てしま》へ行った。小豆島の土庄から豊島経由宇野行きのフェリーはバックして自動車を積み込むのである。豊島の唐櫃《からと》港に着いて、まず、豊島石の採石場の見学をした。豊島石には黒豊島石と白豊島石があり、どれも安山岩質火山礫凝灰岩である。白い石はあまりみられないが、黒豊島石は瀬戸内海をはさんだ讃岐の高松や志度町、美作の津山市、東では奈良県吉野町の如意林寺などの石造物にみられる。

豊島石はさておき、目的の輝石安山岩の調査をするために御殿山に向かった。山麓の路傍に板石がみられるので観察すると、まさに吉備地方の石室の輝石安山岩に似ているではないか。採石するにも、海から上がればすぐである。家浦でフェリーを待っていると、産業廃棄物を満載して、船尾が沈みそうな船が防波堤近くを通過していた。

後日、讃岐方面に行っても、吉備地方の石室に使われている石とおなじような岩相の石を見つけられなかった。つまり吉備地方の石室材には、豊島の御殿山にある輝石安山岩を使っているのだとわか

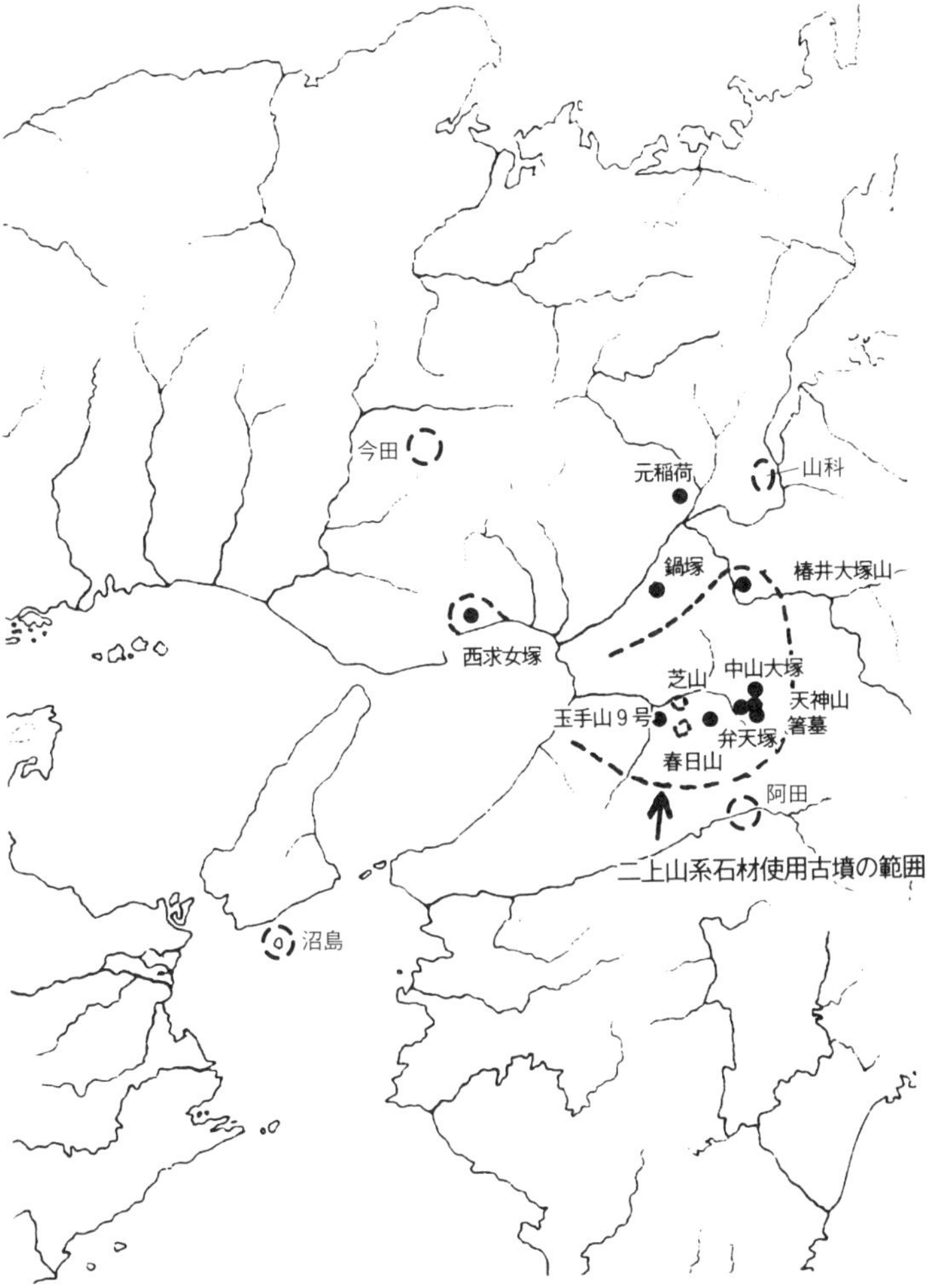

庄内式期の古墳と石室材

った。

しかし、この豊島が吉備地方の権力の中心と考えるには無理がある。石材の採石地が権力の中心地であるとはいいきれない。結晶片岩の採石地と推定される沼島についてもおなじである。権力の中心地であれば、当時の権力者の埋葬施設が近くにあってもよいが、付近には三世紀の大型・中型の古墳がみられない。ただし淀川の流域にはあるのだ。

4　石から解く邪馬台国

庄内Ⅳの時期、あるいはこれよりも古い時期の古墳で、芝山火山岩や春日山火山岩のような二上山系石材を石室材に使用した古墳の分布は、大和、河内、椿井大塚山古墳が位置する山城南部、西求女塚古墳が位置する摂津の一部をかこむ範囲となる。

時期と範囲をもとに推測すれば、この範囲が魏志倭人伝に記述されている邪馬台国の範囲に相当すると考えられる。この推定にもとづけば、奈良盆地東南部は、古い時期の古墳が多いことから当時の墓域と推定されるが、権力の中心地はどこにあったのだろうか。米田敏幸氏の考えのように河内にあったのだろうか。奈良盆地の中心となる天理市西部から田原本町にかけての古墳がみられなくなる付近であろうか。今後の遺跡調査の結果に期待することにしよう。

5　葛城の古墳の石が語るもの

奈良盆地内の中期古墳の竪穴式石室は、生駒郡三郷町の亀の瀬渓谷に分布する複輝石安山岩がふつう使われているが、古代葛城の地である御所《ごせ》市の古墳となると異なっている。御所市の金剛山麓に位置する南郷大東《なんごうおおひがし》遺跡で、耕地整理のために事前調査をした。このとき私も加わって、水にかんする祭祀跡付近から出土した、二百点ほどの土器の表面の砂礫を観察した。

その地の砂礫を含んでいる土器が多いが、他地の土地の砂礫構成を示す土器の多くは、紀伊や和泉南部の砂礫であった。それどころか、もっと遠くでは、遠江や因幡、加賀南部方面の砂礫構成を示すものもあった。

このようなことから、これらの土器を使っていた時期には、葛城から風森《かぜのもり》峠を越えて紀伊方面との交流が強かったことがうかがえる。

このころには葛城の巨大古墳として知られる室《むろ》の大墓《おおはか》（宮山古墳）が築造されている。同古墳では、南側の石室だけしか確認していないが、竪穴式石室の壁石は結晶片岩であり、天井石と長持形石棺の石材は、流紋岩質火山礫凝灰岩で、高砂市の伊保山の石に似ている。

この壁石の結晶片岩は、風森峠を越えたところの紀ノ川流域で採石できる石である。現在も和泉山脈を紀伊葛城山とよんでいるように、葛城氏は和歌山方面に力をのばし、大和の盆地や河内を通過せずに和歌山から海外にまで行っていたのであろう。

私は関西国際空港から韓国に行っているが、葛城襲津彦《かつらぎのそつひこ》が朝鮮半島にたびたび行っているのは、紀ノ川の河口からのルートではないだろうか。私が韓国に行った回数よりも日本書紀に記されている襲津彦の回数の方が多い。今では関空から一時間で釜山へ行ける。しかし、当時では何日かかったのであろうか。

日本書紀や古事記の記述から、仁徳天皇の皇后である磐之姫《いわのひめ》は襲津彦の女《むすめ》であり、履中・反正・允恭の三天皇の母である。襲津彦の墓といわれる室の大墓には、大王家の石材といわれている播磨系石材を用いた長持形石棺が使われており、天井石にも播磨系石材が使われていることからも、葛城氏と天皇とが強く結びついていたことがうかがえる。また、襲津彦の子である葦田宿禰の女、黒媛は履中天皇の皇后である。この三天皇陵の位置は、古市から百舌鳥にかけて造られている。葛城の地から水越峠を越えれば、南河内の石川流域になり、羽曳野丘陵を越えた和泉は海に面している。石川が大和川と合流する南側が古市であり、和泉の北が百舌鳥となる。この百舌鳥の地は、大和の西南部に拠点を持っていた襲津彦の河内・和泉における勢力範囲の北端付近を示しているようにもおもわれる。

6　墳丘の葺石

古墳時代の前期から中期の前方後円墳に葺《ふ》かれている「葺石」の種類と採石地についてみよう。奈良盆地東南部に位置するホケノ山古墳、西殿塚古墳、東殿塚古墳、柏原市の玉手山丘陵に位置する玉手山九号墳、八尾市東部の生駒山地西麓に位置する心合寺山古墳、奈良盆地西部に位置する島ノ山古墳、奈良盆地の西部に位置する巣山古墳、築山古墳を例にあげる。

(1) ホケノ山古墳

最近、発掘されて話題をあつめたホケノ山古墳は桜井市箸中に位置し、箸墓古墳の少し東にある。主体部には木槨のまわりに川原石を積み上げた木槨墓で、朝鮮半島の釜山付近におなじような構造の墓があるとされている。出土土器から庄内Ⅳの時期の古墳と推定された。周濠にはこれよりも少し古い時期を示す土器が出土していたが、ほとんどの土器は庄内Ⅳにあたるようである。

庄内Ⅳの時期には奈良盆地内の他の古墳では竪穴式石室であり、芝山火山岩か春日山火山岩の板石を積み上げた石室を持つ。ホケノ山古墳の墳形は前方後円墳だが、石室は朝鮮半島系の石室である。石室の形態論はここで述べる必要もないので省略するが、当古墳の墳丘の葺石について考えてみよう。

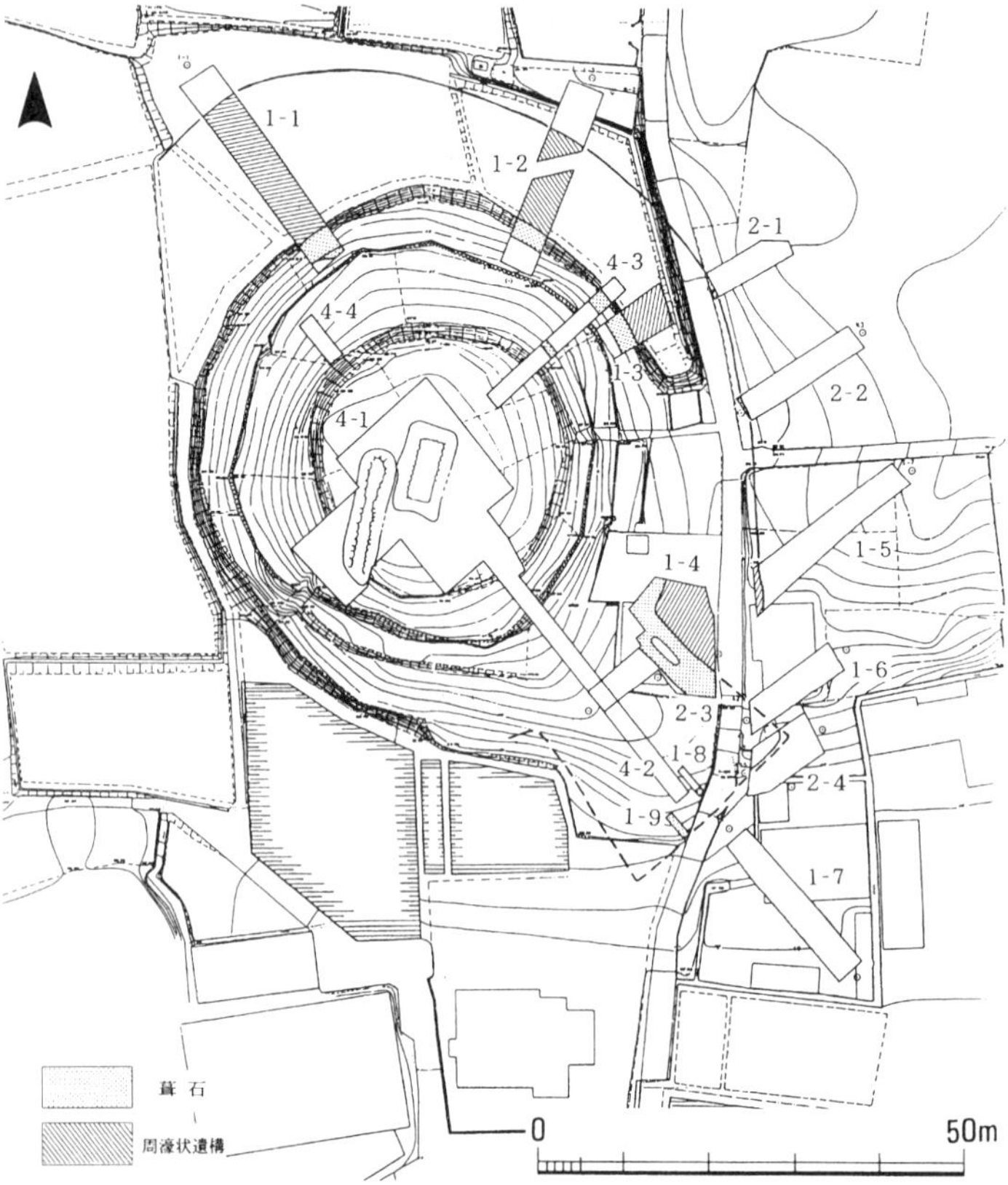

ホケノ山古墳トレンチ配置図（『ホケノ山古墳調査概報』橿原考古学研究所）

ホケノ山古墳の墳丘の葺石の石種は、アプライト、黒雲母花崗岩、斑糲岩、片麻状アプライト、片麻状黒雲母花崗岩、変輝緑岩である。石材は川原石のようで、石種構成は斑糲岩が約四割、黒雲母花崗岩が約二割五分、アプライトや片麻状アプライト、片麻状黒雲母花崗岩がおのおの約一割である。石はホケノ山古墳の東方にある三輪山から龍王山にかけて分布する岩石の岩相の一部にそれぞれ似ている。葺石は巻向川が形成した扇状地の礫層の礫に似た石でもある。墳丘に設定されたトレンチによって若干に礫種構成が異なり、第一次調査の第一トレンチではアプライトや片麻状アプライト、片麻状黒雲母花崗岩が比較的多く、巻向川が形成した扇状地の北よりの礫種構成を示し、第三トレンチでは斑糲岩が約六割近くを占め、扇状地の南寄りの礫種構成を示す。トレンチでの調査であるために葺石全体の使われ方について示すことができないが、墳丘の場所によって採石地が異なっているようである。これは何を意味するのだろうか。

(2) 西殿塚古墳

西殿塚古墳は天理市の東方山麓に位置し、東殿塚古墳と南北方向に平行して造られている。北に位置する後円部には方形壇があり、壇上から吉備型特殊器台が報告されている。墳丘は陵墓となっており見学できないが、近年、陵墓外の東側の周濠が天理市によって調査された。そのとき、葺石の基底部付近が確認されたので、葺石の石種を観察することができた。

葺石は黒雲母花崗岩、片麻状黒雲母花崗岩、斑糲岩で、川原石のような石である。石種構成は黒雲母花崗岩と片麻状黒雲母花崗岩が約半数ずつを占め、斑糲岩はごくごくわずかである。使われている礫は長径が一メートル近くになるものもあり、大きな礫も使われている。

黒雲母花崗岩や片麻状黒雲母花崗岩は、岩相的に古墳東方付近の谷川の石に似ている。また、斑糲岩は墳丘の基底をなす地山の礫層（朝和累層）の礫におなじような岩相の斑糲岩がみられる。また、付近の谷川の礫にも非常にまれであるがみられる。

このようにこの古墳の葺石は、付近の谷川で採石できる石である。

(3) 東殿塚古墳

東殿塚古墳は西殿塚古墳の東側のいちだん高い位置にあり、船の線刻をした埴輪を立てた祭壇が確認されている唯一の古墳である。祭壇跡から庄内Ⅴ・布留Ⅰの時期を示す各地から運ばれた土器が出土している。

葺石は黒雲母花崗岩、斑糲岩、片麻状黒雲母花崗岩、片麻状アプライト等で、川原石のような石である。

石種構成は片麻状黒雲母花崗岩が約七割二分、黒雲母花崗岩が約二割三分を占め、斑糲岩や片麻状アプライトはわずかである。黒雲母花崗岩や片麻状黒雲母花崗岩、片麻状アプライトは岩相的に古墳東方付近の谷川の石に似ている。東殿塚古墳も西殿塚古墳の葺石とおなじように付近の谷川の礫を採石したものと推定される。

(4) 玉手山九号墳

柏原市の玉手山古墳群のなかでいちばん古い古墳が玉手山九号墳で、庄内Ⅳの時期としたい。石材の調査は西側の括《くび》れ部で行った。石材は川原石様であり、こぶし大からひとかかえぐらいの大きな石もあった。大きな石は基底石に使われていた。葺石はアプライト、石英斑岩、流紋岩、石英安山岩、輝石安山岩、溶結凝灰岩、礫岩、砂岩、泥岩、ガラス質凝灰岩である。ガラス質凝灰岩が約七割五分を占め、砂岩が約一割、他の石の種類がわずかである。

石は主として当古墳の西方の石川で採石したものと推定される。石川の川原石の五割を占める花崗岩類が見られなくて、二割ぐらいしか見られないガラス質凝灰岩を葺石では四分の三ほどの高い割合で使われていることから、意図的に石材を選別して採取されていたと考えられる。

(5) 心合寺山古墳

心合寺山古墳は八尾市大竹にある中河内最大の墳丘規模をもち、西側は三段築成で、東側は二段築成の古墳である。後円部には三基の粘土槨が確認されている。また、西側の括れ部に造られた造り出しの付け根に、水にかんする祭祀の家形埴輪が出土したこともめずらしい。

前方部の最下段　葺石は閃緑岩、片麻状黒雲母花崗岩、変輝緑岩で、角がわずかに円《まる》くなった谷川等に転がっているような石である。石種構成は閃緑岩が約一割三分、片麻状黒雲母花崗岩が約八割二分、変輝緑岩が約五分である。どの石も古墳東方の生駒山地で採石できる石であり、岩相と石種構成から八尾市千塚《ちづか》から郡川《こおりかわ》にかけての東方山麓が葺石の採石地と推定される。

西側の括れ部の最下段　葺石の石種は閃緑岩、片麻状アプライト、片麻状黒雲母花崗岩、変輝緑岩で、角が少しとれた谷川等に転がっているような石である。石種構成は片麻状黒雲母花崗岩が約四割二分、片麻状アプライトが約三割六分、閃緑岩が約二割で、変輝緑岩が少ない。どの石も古墳東方の生駒山地で採石できる石であり、岩相と石種構成から八尾市大窪《おおくぼ》東方の山麓付近が葺石の採石地と推定される。

後円部の斜面　葺石の石種はアプライト質黒雲母花崗岩、黒雲母花崗岩、閃緑岩、片麻状黒雲母花崗岩で、角がわずかに円くなった谷川等でみられるような石である。石種構成はアプライト質黒雲母花崗岩が約五割八分、黒雲母花崗岩が約三割二分、ほかに片麻状黒雲母花崗岩や変輝緑岩が少しである。岩相と石種構成から八尾市神立《こうだち》から山畑《やまたけ》にかけての山麓が葺石の採石地と推定される。

心合寺山古墳の葺石の採石地は、後円部が神立から山畑付近、括れ部が大窪付近、前方部が千塚から郡川付近と生駒山地西麓の北から南へと採石地が異なっている。葺石の作業時、石材の運搬で、

郵便はがき

料金受取人払郵便

本郷局承認

5788

差出有効期間
2025年1月
31日まで

113-8790

東京都文京区本郷7丁目2番8号

吉川弘文館 行

愛読者カード

本書をお買い上げいただきまして、まことにありがとうございました。このハガキを、小社へのご意見またはご注文にご利用下さい。

お買上**書名**

＊本書に関するご感想、ご批判をお聞かせ下さい。

＊出版を希望するテーマ・執筆者名をお聞かせ下さい。

お買上書店名	区市町	書店

◆新刊情報はホームページで　http://www.yoshikawa-k.co.jp/

◆ご注文、ご意見については　E-mail:sales@yoshikawa-k.co.jp

ふりがな ご氏名		年齢　　　歳　　男・女
〒 □□□-□□□□ ご住所	電話	
ご職業	所属学会等	
ご購読 新聞名	ご購読 雑誌名	

今後、吉川弘文館の「新刊案内」等をお送りいたします(年に数回を予定)。
ご承諾いただける方は右の□の中に✓をご記入ください。　□

注文書

月　　日

書名	定価	部数
	円	部
	円	部
	円	部
	円	部
	円	部

配本は、○印を付けた方法にして下さい。

イ. 下記書店へ配本して下さい。
(直接書店にお渡し下さい)

(書店・取次帖合印)

書店様へ＝書店帖合印を捺印下さい。

ロ. 直接送本して下さい。

代金(書籍代＋送料・代引手数料)は、お届けの際に現品と引換えにお支払下さい。送料・代引手数料は、1回のお届けごとに500円です(いずれも税込)。

＊お急ぎのご注文には電話、FAXをご利用ください。
電話 03－3813－9151(代)
FAX 03－3812－3544

（ご注意）

・この用紙は、機械で処理しますので、金額を記入する際は、枠内にはっきりと記入してください。また、本票を汚したり、折り曲げたりしないでください。

・この用紙は、ゆうちょ銀行又は郵便局の払込機能付きＡＴＭでもご利用いただけます。

・この払込書を、ゆうちょ銀行又は郵便局の渉外員にお預けになるときは、引換えに預り証を必ずお受け取りください。

・ご依頼人様からご提出いただきました払込書に記載されたおところ、おなまえ等は、加入者様に通知されます。

・この受領証は、払込みの証拠となるものですから大切に保管してください。

収入印紙
課税相当額以上
貼　　付

印

この用紙で「本郷」年間購読のお申し込みができます。

◆この申込票に必要事項をご記入の上、記載金額を添えて郵便局でお払込み下さい。

◆「本郷」のご送金は、４年分までとさせて頂きます。

※お客様のご都合で解約される場合は、ご返金いたしかねます。ご了承下さい。

この用紙で書籍のご注文ができます。

◆この申込票の通信欄にご注文の書籍をご記入の上、書籍代金（本体価格＋消費税）に荷造送料を加えた金額をお払込み下さい。

◆荷造送料は、ご注文１回の配送につき500円です。

◆キャンセルやご入金が重複した際のご返金は、送料・手数料を差し引かせて頂く場合があります。

◆入金確認まで約７日かかります。ご諒承下さい。

※現金でお支払いの場合、手数料が加算されます。通帳またはキャッシュカードを利用し口座からお支払いの場合、料金に変更はございません。

※領収証は改めてお送りいたしませんので、予めご諒承下さい。

お問い合わせ　〒113-0033・東京都文京区本郷７―２―８
吉川弘文館　営業部
電話03-3813-9151　FAX03-3812-3544

この場所には、何も記載しないでください。

人々が交差しないように分担位置と採石地が決められたのだろうか。心合寺山古墳の西方は河内湖の東岸にあたり、粘土槨の棺床に敷くような小石は採石できたであろうが、葺石になるような大礫は採石できなかったのだろう。近くの山麓に行けば、採石できる石があることから、東の山麓で採石したと推定される。

(6) 島ノ山古墳

西殿塚古墳や玉手山九号墳、東殿塚古墳、心合寺山古墳は比較的葺石となる石材が近くにあり、得やすい位置にある。しかし、石材が無い奈良盆地内の馬見丘陵や平地部の古墳では、どのような場所から葺石を採石しているのであろうか。以下、島の山古墳、巣山古墳、築山古墳を例にみよう。

奈良県川西町にある島ノ山古墳は、平地部に造られ、前方部の埋葬施設から多量の鍬形石や車輪石が出土した特異な古墳である。また、後円部の石室の壁石と推定される石は芝山の橄欖石安山岩、天井石と推定される石は伊保山付近の石と推定される凝灰角礫岩や火山礫凝灰岩である。この古墳は数回にわたる調査が行われ、各所にトレンチが設けられている。

西側の括れ部付近　葺石は片麻状黒雲母花崗岩が約四割、黒雲母花崗岩が約二割、アプライトと斑糲岩がそれぞれ約一割、安山岩、ガラス質溶結凝灰岩等がわずかである。

石種構成から葺石の採石地を推定すれば、初瀬川の石種構成に似ている。しかし、安山岩は葛下川下流付近で採石されたと推定される。

東側の括れ部付近　葺石はガラス質凝灰岩が約半分を占め、片麻状黒雲母花崗岩と黒雲母花崗岩がそれぞれ約二割、斑糲岩、アプライト、安山岩等がわずかである。

ガラス質凝灰岩が多く、斑糲岩が少ないことから、主として佐保川の石を採取されたと推定される。また、安山岩もいくらかみられることから、葛下川下流付近の石もわずかに採石されたと推定される。

後円部の北側　葺石は中粒黒雲母花崗岩が約三割、ガラス質凝灰岩が約三割、片麻状黒雲母花崗岩が約三割で、斑糲岩、輝石安山岩、流紋岩質溶結凝灰岩等が少しである。

黒雲母花崗岩や片麻状黒雲母花崗岩には角張っているものもあり、岩相的に龍王山付近の石に似ていることから、龍王山麓付近が採取地と推定される。また、流紋岩質溶結凝灰岩や斑糲岩は初瀬川の石と推定され、ガラス質凝灰岩は佐保川、輝石安山岩は葛下川下流付近が採取地と推定される。

島ノ山古墳に使われている葺石は、各トレンチごとで採取地が異なる。当古墳北東方の佐保川や東方の初瀬川、さらに、東方の龍王山麓付近、西方の王寺町付近と、広い範囲から葺石が採石されているが、西方の葛下川や葛城川流域の石はほとんどみられない。

⑺ 巣山古墳

「馬見一里は石なし一里」の言葉どおり、奈良盆地西部の馬見丘陵にはこぶし大の石すらみられない。この石無し丘陵に大量の石を使用した古墳が集まっている。そのなかの一つが奈良県広陵町に位置する前期古墳の巣山古墳である。後円部の墳頂には、竪穴式石室の石室材と推定される板石が散在する。石材は複輝石安山岩で、岩相的に亀の瀬付近に分布するドロコロ火山岩に似ている。観察した葺石の石材について述べる。

前方部の北西部　葺石は柘榴石黒雲母安山岩が多く、輝石安山岩や安山岩、流紋岩、橄欖石安山岩、アプライト、片麻状黒雲母花崗岩、閃緑岩がわずかである。使われている石は風化して媒乱しているものが柘榴石黒雲母安山岩に多く、角が円くなった川原石様である。

柘榴石黒雲母安山岩は石切場火山岩の岩相の一部に、安山岩は畑火山岩の岩相の一部に似ている。流紋岩は雌岳火山岩の岩相の一部に似ている。輝石安山岩や橄欖石安山岩は二上山雄岳の西側に岩脈として分布する石に似ている。

これらの石が同じ場所から採石されたとすれば、石種構成から、二上山の雄岳と雌岳の中間にある鞍部から、西方のドンズルボー方面に下りた山麓付近の谷が推定される。

西側の括れ部　葺石には柘榴石黒雲母安山岩や輝石安山岩が多く、流紋岩がわずかである。輝石安山岩にはサヌカイトも含まれることから、この輝石安山岩は、大阪府太子町の石まくり火山岩分布地付近の石と推定される。

この谷では柘榴石黒雲母安山岩や流紋岩の礫もみられることから、括れ部の石材は太子温泉がある石まくり付近の谷川で採石されたと推定される。

二か所しか葺石の石材を観察していないが、葺石の採石地が香芝市を流れている竹田川の上流にあたる二上山の山麓や、穴虫峠を越えて大阪に入った石まくり付近の谷川の二か所が推定される。

穴虫峠から北西に進めば春日山にいたる。石室材に春日山の輝石安山岩を使用しないで、亀の瀬付近の輝石安山岩を使っていることは、石室に使用する石材になんらかのきまりが、当時あったことを推測させる。

(8) 築山古墳

馬見丘陵の南端に位置し、現在、宮内庁から「磐園陵墓参考地」の治定をうけ、立ち入りは禁止されている。しかし、平成十一年度に宮内庁が実施した護岸工事にともなう事前調査によって、葺石が出土している。各トレンチに使われている葺石で石材が観察されたのは、後円部の西側から前方部の東側まで設定された全十六トレンチのなかで、第一、第二、第四、第五、第十、第十二、第十三、第十五トレンチである。

葺石は粒形が川原石のようである。そのなかで第一・五・十・十二トレンチ、第二・十三トレンチがそれぞれおなじ石種の構成を示している。

第一トレンチ　後円部の北西に設けられている。葺石は細粒黒雲母花崗岩、中粒黒雲母花崗岩、輝

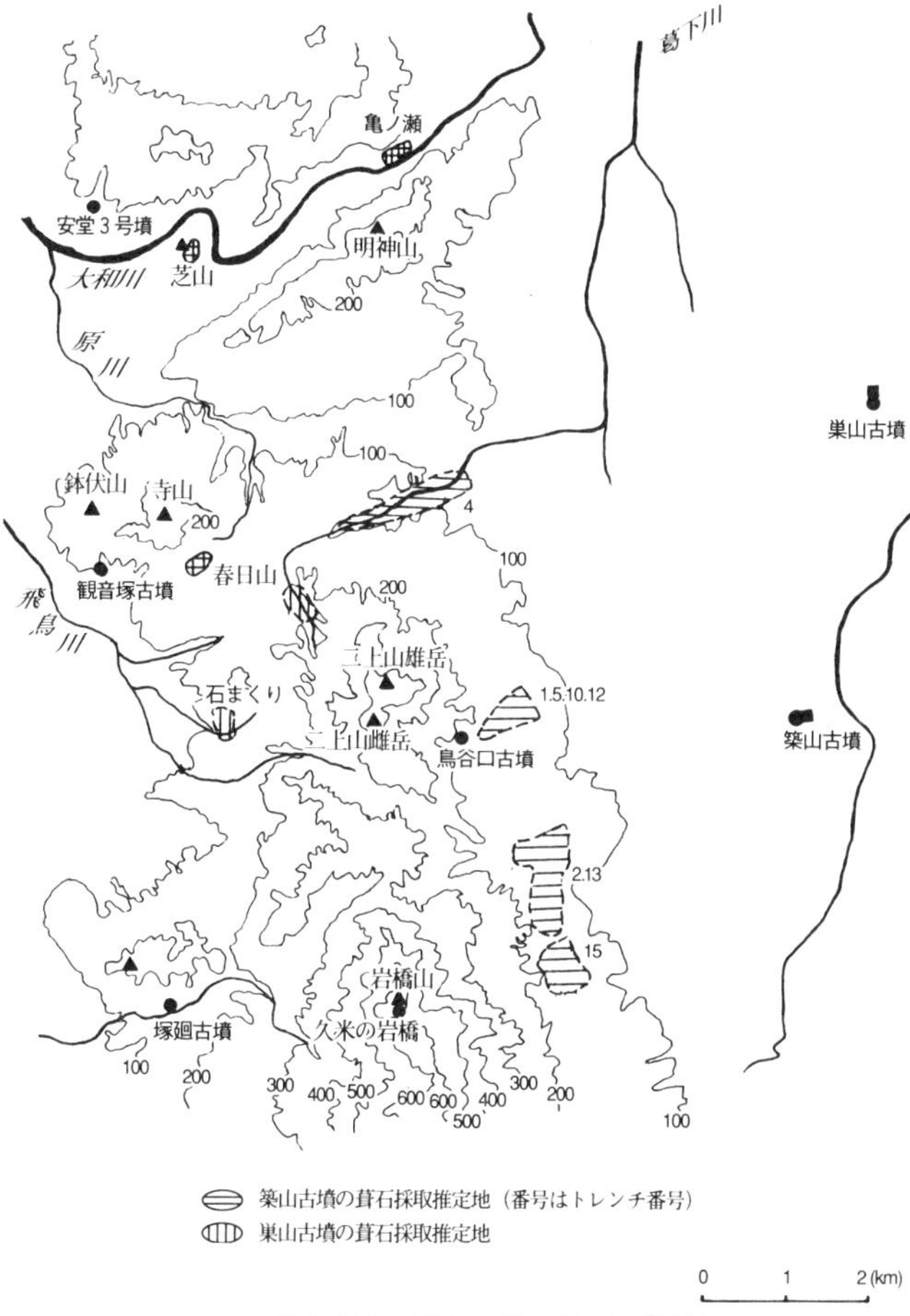
葛下川
高田川
亀ノ瀬
安堂３号墳
明神山
芝山
大和川
原川
200
100
巣山古墳
鉢伏山
寺山
4
春日山
観音塚古墳
飛鳥川
二上山雄岳
石まくり
1.5.10.12
二上山雌岳
鳥谷口古墳
築山古墳
2.13
15
岩橋山
久米の岩橋
塚廻古墳
100
200
300
400
500
600
築山古墳の葺石採取推定地（番号はトレンチ番号）
巣山古墳の葺石採取推定地
0　1　2 (km)

築山古墳・巣山古墳の葺石の採取地

石安山岩が多く、流紋岩、斑糲岩、石英閃緑岩、閃緑岩がわずかである。

石種構成から採石地として、葛城市新在家付近の谷川が推定される。しかし、閃緑岩は金剛山麓付近に産する石、石英閃緑岩は、葛城市太田付近の南方にみられる石である。検討を要する。

第二トレンチ　後円部の西に設けられている。葺石は細粒黒雲母花崗岩が非常に多く、アプライト、中粒黒雲母花崗岩、斑糲岩が比較的多く、石英閃緑岩、片麻状中粒黒雲母花崗岩が少ない。

石種構成から採石地として、葛城市兵家から竹内にかけての谷川が推定される。しかし、石英閃緑岩は、葛城市太田よりも南方にしかみられない石であり、検討を要する。

第四トレンチ　後円部の南西に設けられている。葺石は輝石安山岩が非常に多く、中粒黒雲母花崗岩、斑糲岩が比較的に多い。アプライト、細粒黒雲母花崗岩、安山岩、柘榴石黒雲母安山岩、変輝緑岩は少ない。

石種構成から採石地として、香芝市穴虫付近の竹田川の川原が推定される。

第十五トレンチ　前方部の東南東に設けられている。葺石は中粒黒雲母花崗岩、変輝緑岩が多く、ペグマタイト、石英閃緑岩が比較的に多く、アプライト、閃緑岩、斑糲岩、片麻状中粒黒雲母花崗岩が少ない。

石種構成から採取地として、葛城市太田付近の谷川が推定される。

トレンチごとで石材の採取地が異なることは、決められた一定の区画ごとで、石材の採石・運搬・

石葺きの作業が一貫して行われていたことが考えられる。逆に、決められた区画の作業には石材の採石地までも決められていたと推定される。

採石地付近が労働力となる人々の居住地であるとすれば、採石推定地は岩橋山東方から二上山北方につづく山麓付近であることから、築山古墳はこの付近に勢力を持っていたものの墓である可能性が高い。

葺石に古墳の造営地付近の石を使用するとすれば、その付近で採石できる場所から石材を運ばなければならない。石材を採石できる場所、古墳を造営できる場所は、当時の豪族（王）が支配していた地域との判断にもとづいて、各古墳の被葬者の勢力範囲を推定するとどうだろうか。

天理市の東部山麓に位置する西殿塚古墳や東殿塚古墳の葺石は、これら古墳の東方山麓の谷川の礫を採取したと推定され、造営地との距離はわりに近い。また、玉手山九号墳の葺石はこの古墳の西に流れている石川の川原石である。

しかし、島ノ山古墳の葺石は大和川が奈良盆地から出る王寺付近、河川が合流する河合町付近、さらに東方の龍王山西麓付近の範囲から採石されている。ちょうど、奈良盆地の中央を横断するような範囲から、葺石の石材が運ばれている。

前期古墳の築山古墳では岩橋山や二上山の東麓から北麓にかけての付近から、石が運ばれている。

また、巣山古墳では、竹田川の上流や河内の飛鳥川上流の石まくり付近から石が運ばれている。

藤井寺市から羽曳野市にかけて分布する古市古墳群の古墳に使われている葺石材の採石地は二とおりがある。

葺石材に石川で採取できる花崗岩類やガラス質凝灰岩、砂岩、礫岩、流紋岩等が使われている古墳と羽曳野市の鉢伏山の火山岩や春日山火山岩、石まくりの火山岩が使われている古墳がある。後者の古墳は前者にくらべて新しい時期の古墳である。

少しの古墳でしか葺石を観察していないが、河内や大和での場合、古い時期の古墳では古墳造営地付近の石材が使われ、時期が新しくなると遠方にまで石材を求めに行っているようである。この傾向は石材が付近にないために生じている場合と、付近にある石材を取りつくしたために生じている場合などが原因と推測される。

また島ノ山古墳のように、広い範囲から石材を集めている場合もある。

古墳が造営された時期と葺石の採石範囲を考えれば、被葬者の勢力を推定する手がかりをえられるであろう。

4章　石棺の石

古墳時代には西南日本を中心に、関東地方におよぶ範囲で石棺が造られている。ここでは大和・河内での石棺の石材についてみよう。大和・河内の石棺の石材には、二上山系の石材、播磨系の石材、紀ノ川・沼島系の石材、摂津西部の石材、讃岐系の石材、肥後系の石材等がある。

1　二上山系の石材

奈良県と大阪府を境する古来の葛城山の北端に二上山がある。二上山の北端から南麓の岩屋峠付近にかけて凝灰岩や安山岩が分布する。この凝灰岩が分布する場所に、古代から中世にかけての凝灰岩の採石跡がみられる。

採石場跡の様子は石材を最後に切り出した跡で、以前に切り出した跡は残らない。現在みられるのは、中世の五輪塔や宝篋印塔、多層塔を切り出したと推定される跡が多く、まれに石棺を切り出した跡と推定される場所もある。

田尻峠から北に入ったところにある消滅した穴虫の石切場跡や高山《たかやま》の石切場跡の東側の遺構は、石棺を切り出した跡といえる。しかし、高山の石切場跡は宅地となり、田尻峠の石切場跡は発掘後放置され、風化・破損して、切り出し時の鑿跡《のみあと》や矢穴《やあな》跡は、まったくみられなくなっている。埋没していた方が保存されていたであろう。

石棺材の石切場跡は北から南に向かって、高山の石切場跡、田尻峠北方付近の石切場跡、ドンズルボー西方付近の石切場跡、牡丹洞付近の石切場跡、牡丹洞東方付近の石切場跡、鹿谷寺《ろくたんじ》跡付近の石切場跡、岩屋峠付近の石切場跡などがある。

これらの石切場から採石されたのはほとんどが凝灰岩だが、岩屋峠の東側で採石された安山岩質岩の石材や、柏原市の田辺南方の寺山から採石された石英安山岩質の石材もある。

高山・田尻峠北方・ドンズルボー西方の石切場跡は、地層の区分によれば、二上層群上部ドンズルボー層に属し、牡丹洞付近や岩屋峠付近の石切場跡は中部ドンズルボー層、牡丹洞東方付近や鹿谷寺跡付近の石切場跡は、下部ドンズルボー層の凝灰岩分布地にある。

ドンズルボー層は、二上山が約千六百万年前頃に火山活動をしていたときの火山の噴出物によってできた地層である。

地層は全体的にみれば、北に傾斜しており、南側の鹿谷寺跡付近の下部ドンズルボー層が古く、北に分布する上部ドンズルボー層が新しい地層である。地層の区分は地層の積み重なりと凝灰岩に含ま

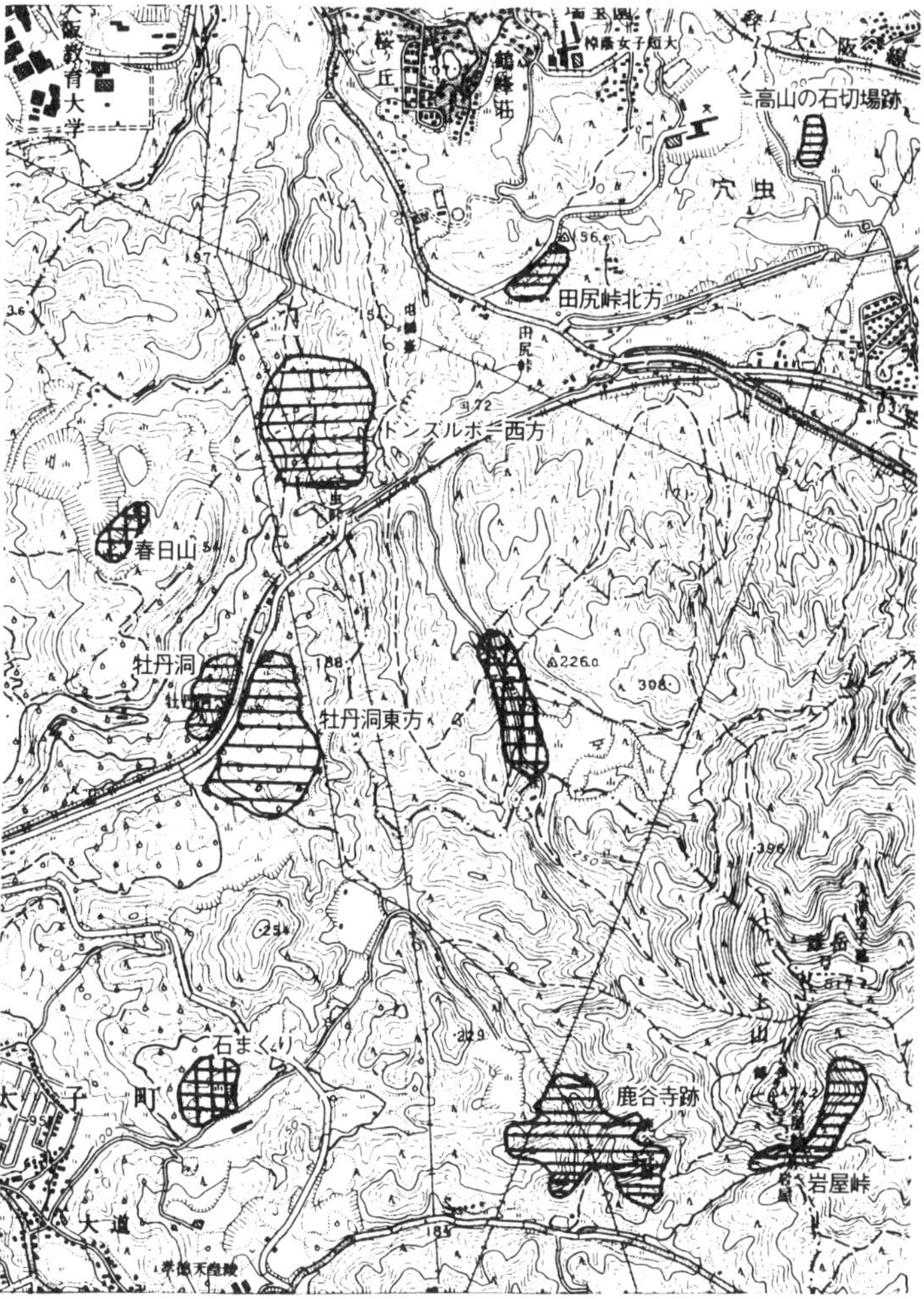

凝灰岩の採石跡・採石推定地
前期・中期古墳の石材採取推定地

二上山系の凝灰岩の石切場跡・石切場推定地

れている火山礫の種類によって行われている。ドンズルボー層の層序区分と含まれる火山岩礫はつぎのようである。

［上部ドンズルボー層］雌岳火山岩（灰色の流紋岩）、畑火山岩（赤褐色の安山岩）、松脂岩（黒色の溶結凝灰岩）、軽石。

［中部ドンズルボー層］石切場火山岩（柘榴石黒雲母安山岩）、松脂岩（黒色の溶結凝灰岩）、軽石。

［下部ドンズルボー層］松脂岩（溶結凝灰岩）、軽石、灰色の流紋岩。

以上のように、各地層は含まれる礫種により区分されている。この地層区分により石棺材のなかに含まれる礫種によって、どの地層の石であるかが判り、採石地が推定できる。

凝灰岩の特徴をみるには、一平方メートルぐらいあれば、そのなかに含まれる礫が少なくても採石地の推定ができる。人頭大やこぶし大ぐらいでは、一つの礫である可能性もあり、十分なことが判断できない。まして、小指の先ぐらいの石では、凝灰岩のどの部分を観察しているのか判断できない。できるかぎり、大きな石での観察が必要である。

2　採石場跡の様子と石棺

高山の石切場跡　奈良県香芝市立西中学校の東方の尾根にあった石切場跡である。現在、削平《さくへい》されて跡形もない。尾根の東側と西側に採石場跡があり、東側は石棺材の採石跡と推定され、西側は中世石造物の採石跡と推定される。

西側の採石跡では層塔の相輪や笠、基礎、五輪塔の部材等が出土している。

各地に運ばれている二上山系の凝灰岩製五輪塔や宝篋印塔、多層塔は、平安時代の終わりころから使われはじめ、花崗岩類の石造物が各地で使われはじめる鎌倉時代の終わりころまでにかぎられている。花崗岩類製の石造物には制作時期を示す銘が刻まれていることがあり、時期の判断に役立つが、二上山系の凝灰岩の石造物にはそうした銘がみられない。

この石切場跡の石材は比較的こまかい砂礫の粒からなり、粒の形にやや丸みがみられる。石材は火山礫凝灰岩で、一つの層の厚みが十から三十センチくらいで、それ以上の厚みがある石材は採石できない。地層を構成している粒は灰色の流紋岩、黒色ガラス質の松脂岩、白色の軽石である。粒の大きさは一センチ以下のものが多く、まれに三センチにおよぶものもある。

東側の採石跡は、石棺制作のために石材を切り出した跡と推定される。切り出した厚みと断面に残っている松脂岩の含まれ方が非常に似ている組合式家形石棺の棺蓋が、奈良県広陵町安部の浄土寺境内にある。この石棺は寺の西方にあった古墳から運ばれたそうである。また、岩相的に似ているのは、上牧町の松里園にある組合式家形石棺の棺蓋、香芝市瓦口の御坊山一号墳の組合式家形石棺の棺蓋、御坊山二号墳の組合式家形石棺の底石、瓦口古墳の組合式家形石棺の底石等である。これらの古墳は、上牧町の南部から広陵町の西南部にかけての馬見丘陵の南部に位置する範囲である。高山の石切場跡付近から運び出された石棺材は、馬見丘陵の南部の古墳に使われていたといえる。

石材の切り出し跡から判断すれば、地層面に沿った位置に矢穴を開けて、矢を入れて割っていく方法がみられる。この技法は、近鉄の室生口大野駅北側にある向坊古墳の石室壁石の前面にみられる矢穴の開け方とおなじである。

田尻峠北方付近の石切場跡　国道一六五号線で、大阪方面から香芝市に向かって進むと、田尻峠にさしかかる。この峠から北方に登っていく道がある。この道沿いの地下や東側の崖には、石切場跡があった。現在、田尻峠の交差点から百メートルほど北に進むと、「石切場跡」の立札が東側の路傍にたっている。

この穴虫の石切場跡は現在の道路を建設するときに出土し、調査されたものである。調査の結果、鉄斧が出てきただけで、時期が古墳時代とも中世とも判断できないということであった。

採石跡に残る鑿跡《のみあと》の並び方から判断した縦・横・厚みの寸法は板状の石材の大きさであり、五輪塔や宝篋印塔のような方形の石材を採石した跡でなく、組合式家形石棺の石材を切り出した跡であると推定される。一基の組合式家形石棺を制作するのに十二枚から十五枚程の板石が必要である。この石切場跡では、石棺の一個分ほどの石材しか採石できない。

石切場跡の地層の石種は、火山礫凝灰岩、凝灰角礫岩である。含まれている礫は角張っているものが多い。粒径は一から三センチのものが多く、まれに五、六センチにおよぶものもある。礫の種類は灰色の流紋岩が非常に多く、松脂石や軽石が少しみられる。

このような岩相を示す石材の石棺としては香芝市藤山から出土した藤山古墳棺があげられる。また、この石切場跡付近には、土石採取のためにけずり取られてしまった石切場跡や、埋没した石切場跡、消滅寸前の石切場跡などがある。

見学できる石切場跡の上方の斜面の断面を南側の崖でみれば、表土付近の一メートル位の層に土に混じって凝灰岩の礫が顔を出している。この表土付近の部分には採石の破片も詰まっている。表土をはがせば採石跡が出土するだろう。以上の記述は令和五年以前のことである。

ドンズルボー西方付近の石切場跡　白色の凝灰岩に緑なす木々が茂り、景勝地であることから、ドンズルボーは奈良県指定の天然記念物である。この凝灰岩のなかに縦横にトンネルがめぐっている。米軍の九州上陸にそなえて、大本営造営のために日本陸軍により造られた地下壕である。西側の出口付近は「大本営」とよばれていたと聞く。凝灰岩は軟らかく、崩れにくく、水が出にくいために、トンネルを掘りやすかっただろう。

ドンズルボーの南北につづく中央の峯から西の峯を眺めれば、火砕流堆積物の層が十回以上もくり返している。いまみれば、奇妙な風景だとか、絶景だとおもえるが、地層が形成されているときを想像すれば、雲仙岳の噴火よりも規模の大きな火砕流であり、すさまじい光景であっただろう。

元熊本大学教授の加藤磐雄氏らの研究では、火口で発生した火砕流が水中に突入した水中火砕流であるとされている。加藤氏らの水中火砕流の発見は、世界で始めてのことであった。高温の物体が水中に突入する様子は想像を絶する。

ドンズルボーの火砕流堆積物は、地層に含まれる岩石の比較から、雌岳の火山噴出物と推定されている。火砕流層が三十ほどあることから、雌岳火山の噴火は三十回以上あったことになる。

ドンズルボー付近の地層は火砕流でできた地層だけでなく、火山活動が休止したときに、水底に堆積した地層もある。

火山噴火のことはさておき、石材として利用できるのは、火砕流の層ではなく、水底にゆっくり堆積した凝灰岩層である。

景勝地付近は火砕流堆積物が多く、地層の下方となる西側は水底の堆積物が多いことから、ドンズルボーの西側の葡萄畑のなかに石切場跡が点在している。切り出し跡は葡萄畑の中に三日月状や半月状の弧をなす崖となっている。

石材の切り出しは地層の傾斜の下の方から行われている。おなじ層の石材を採石するには、流れ盤の下の方から採石すれば、労力が少なくてすむ。近代的な金属鉱山においても、鉱脈の採鉱は鉱脈の下の方から採掘が始められ、上の方に進められている。

採石場では採石時の屑石を後方に積み上げていく。あるいは谷に棄てていく方法が取られていたようである。

採石跡の崖の後方には、採石時や加工時にできた屑石が積み重なっているのがみられる。

この採石場跡の崖をなす岩石は火山礫凝灰岩や凝灰角礫岩、火山角礫岩である。灰色の流紋岩の角礫が非常に多く、まれに、松脂岩や赤褐色の安山岩（畑火山岩）の角礫・亜角礫が含まれる。粒の大きさは人頭大から小指の爪先くらいの大きさである。部分によっては礫が少なく、軽石や白色の基質が多くなる部分もある。

ドンズルボーの凝灰岩と似ている石棺の石材は、平群《へぐり》町の烏土《うと》塚古墳の前棺（組合式家形石棺）、桜井市の茅原狐塚古墳の奥棺（組合式家形石棺）、南河内郡河南町の一須賀古墳群０―６号墳の奥棺の底石などである。

また、寺院の基壇の石材としては、明日香村の川原寺の中金堂跡や奈良市の薬師寺の東塔の基壇の石にみられる。薬師寺東塔基壇の石は明治に改修された時の石材である。五輪塔では河南町の観弘寺墓地にみられる。一須賀古墳群０―６号墳の石棺の底石には、刳抜式家形石棺の蓋が使われている。

石棺の所在地は、南河内の河南町、大和の平群町や桜井市、天理市と散在している。

牡丹洞付近の石切場跡　太子町の叡福寺に聖徳太子墓がある。陵墓であるために入ることができないが、墓の周囲に二重に立てられている結界石は観察することができる。外側の結界石は御影石でお経が刻まれ、内側の結界石は白色の凝灰岩である。

また、古墳の入口にあたる建物の西側には「大乗木《だいじようぼく》」がある。大乗木は大きな楠《くすのき》である。「大乗木と鶏鳴―聖徳太子の墓の話―」の話が、河内の国の伝説を集めた「伝説の河内」に出てくる。この話では結界石が四百九十九本しかない理由と、聖徳太子が母のために結界石を立てたとされている。

また、同本の注記では結界石の採石地が春日の山中にある牡丹洞であるとされている。しかし、牡丹洞の崖にみられる凝灰岩の岩相と観察できる結界石の岩相とは似ていない。

結界石は鹿谷寺跡北方付近の凝灰岩に似ている。結界石を建てた時期としては、凝灰岩製の結界石が鎌倉時代、花崗岩製の結界石が江戸時代とされている。聖徳太子が活躍していた時期まで、さかのぼることはない。

牡丹洞は太子町春日の近鉄南大阪線の西側にあり、採石跡の平地は柿畑となっている。昭和の初めに法隆寺の堂塔の基壇が修復されているが、そのときにここから凝灰岩を切り出されたと当時の資材記録に残されている。北面の崖には方形の矢穴跡が残っている。古代の石材切り出し跡として写真等で本にみられるが、現代のものである。削岩機が普及していなかった昭和の初めでは、古代の切り出し方法とおなじ方法を使っていたことがうかがえる場所である。

採石跡の崖面には中部ドンズルボー層の凝灰岩が分布する。一見すれば、牡丹洞東方付近の下部ドンズルボー層の凝灰岩に似ているが、よくみれば少しであるが、柘榴石黒雲母安山岩の礫が含まれる。このような岩相を示す石は、明日香村の牽牛子塚古墳の石槨の石材である。

牡丹洞東方付近の石切場　牡丹洞の東方には近鉄南大阪線の線路に沿った南北方向の谷がある。この谷の東側に広がる斜面の葡萄畑の中に石切場跡が散在する。採石跡は崖面に残っているが、五輪塔や宝篋印塔ぐらいの大きさの石を切り出した跡で、石棺や石槨ほどの大きな石を切り出した跡でない。崖面をみれば層面が認められなく、割れ目が少ない。石の種類は火山礫凝灰岩や凝灰角礫岩である。含まれる礫は亜角から亜円の松脂岩、亜円から円の軽石である。礫と礫のあいだをうめている基質は白色緻密で軟らかい。このような松脂岩と軽石を礫に含む白色の凝灰岩が使われている石棺や石槨、寺院の基壇は多い。数例をあげてみればつぎのようで、使われている範囲は大和・河内を出ない。

石棺材　藤ノ木古墳棺　斑鳩町法隆寺　刳抜式家形石棺……………凝灰角礫岩
　　金山古墳前棺と奥棺　南河内郡河南町芹生谷　刳抜式家形石棺…………凝灰角礫岩
石槨材　松井塚古墳の石棺　太子町叡福寺東の公園在　刳抜式家形石棺…………凝灰角礫岩
　　小口山古墳　羽曳野市軽里　閉塞式横口式石槨……………………凝灰角礫岩
寺院の石材　野中寺塔基壇　羽曳野市野中……………………凝灰角礫岩　火山礫凝灰岩
　　東大寺　奈良市雑司町　大仏殿の境内や西方の斜面の発掘時…………凝灰角礫岩等

鹿谷寺跡付近の石切場跡　近つ飛鳥から竹内峠に向かう途中に岩屋峠の方向にわかれる林道がある。この分岐点で北東に登る道をとれば、鹿谷寺跡に着く。鹿谷寺跡の平坦地には、奈良時代とされる凝灰角礫岩製の十三重石塔が立っている。また東側の崖面には平安時代とされる磨崖仏がある。

この寺跡の北側に谷があり、谷は凝灰岩の岩屑で埋まっていたが、そこに林道が付けられたため、岩屑の堆積の様子がみられるようになった。岩屑の堆積の様子を観察していたとき、七世紀前半を示す須恵器片もみられた。また、寺跡下方の北斜面を削平されているときには、五輪塔や宝篋印塔の破片が散在していた。

現在建設中の南阪奈道路のトンネル北側入口上方付近にあるろくわたり道路傍に中世石造物の採石場跡がある。春先の下草が落ちたころから蕨《わらび》が採れるころまでが見学に適している。この付近では露岩があれば、その下部に採石場跡がみられることが多い。下草が茂り、柏の葉も大きくなり、柏餅が作れるような季節になれば、木々の葉で視界が悪くなり、観察条件が悪くなる。

山菜を摘みながら調査ができるときが、石切場跡調査の最後の時期となり、つぎの調査は冬枯れを待たねばならない。蕗《ふき》のとうが芽を吹くころから蕨が芽を出すころが寒くも暑くもなく、調査に最適であるのは私だけであろうか。

地面が暖められて、空気が暖められると本には書かれている。雪がほとんど積もらないこの地では、水辺に生える蕗のとうよりも岩に付着する苔の方が春の兆しをより早く感じているようである。岩壁に残る鑿跡《のみあと》のような調査を期待するのであれば、岩壁の苔が眠りについているような寒いころが適している。

鹿谷寺跡北方付近の凝灰岩には、褐色や黒色の松脂岩や白色の軽石の礫が多く含まれ、青灰色の流紋岩礫、黄土色の溶結凝灰岩礫がわずかに含まれる。また、弱い溶結を示す部分もある。この付近から運ばれている石棺や石槨、寺院の石材はつぎのようである。

石棺材　稲荷山古墳棺　高島市鴨　刳抜式家形石棺……凝灰角礫岩
　天王山古墳棺　桜井市倉橋　刳抜式家形石棺……凝灰角礫岩
　塚本古墳棺　橿原考古学研究所附属博物館在　刳抜式家形石棺の棺蓋……凝灰角礫岩
　都塚古墳棺　明日香村坂田　刳抜式家形石棺の棺蓋……凝灰角礫岩
　墓山古墳　高取町市尾　刳抜式家形石棺……凝灰角礫岩
石槨材　マルコ山古墳　明日香村地窪　閉塞式石槨……凝灰角礫岩
寺院の石材　東大寺　奈良市雑司町　大仏殿の境内や西方の斜面の発掘時……凝灰角礫岩等
　飛鳥寺　明日香村飛鳥　安居院の駐車場東方の回廊の礎石……火山礫凝灰岩

このように奈良盆地のみならず、湖西方面まで石材として運ばれている。

では、平安京の白石は二上山系の凝灰岩であるか、という疑問も残る。平安京に関係した凝灰岩の調査は、私にとって二例しかない。一例は八坂の塔の心礎であり、二例目は大極殿の基壇の石である。

京都市祇園から東に進むと「八坂の塔」で知られている法観寺に着く。この塔の説明板に、二上山系の凝灰岩が使われているような意味のことが書かれているため、受付で無理をいって心礎の観察を許可してもらった。塔の構造から心柱は浮くように造られているため、心柱の下に体を入れて心礎を観察することができた。一段彫りの円筒形の舎利孔があり、石の表面には塵が積もっていた。濡れた布で拭くと点々と鑿跡がのこり、胡麻塩のような石があらわれた。黒雲母花崗岩である。比叡山付近の黒雲母花崗岩、白川石に似ていた。

ある日、同志社大学の田辺校舎に初めて行くことがあった。そこで出されたのがこぶし大より少し小さな白色の凝灰岩である。平安京の大極殿出土の凝灰岩とのことである。見てびっくり、讃岐の志度半島付近の凝灰岩ではないか。

こんな小さな破片でははっきりしないと考え、後日、京都文化博物館にお願いして、収蔵されている凝灰岩を観察させていただいた。コンテナに入っているどれを見ても、讃岐の凝灰岩である。山中章氏の「三都物語」では聖武天皇によって造営された難波宮の石が長岡京に運ばれ、さらに、平安京に運ばれたとされている。

私は難波宮の凝灰岩も長岡京の凝灰岩も観察していないので、異論をさしはさむ余地はない。しかし、なぜ、二上山系の凝灰岩を平安京の大極殿には使われなかったのであろうか。讃岐の瓦を大極殿に使っているといわれているが。

いえることは、京都で観察した二つの例から、二上山系凝灰岩は使われていない、ということである。しかし、飛鳥時代の寺である淡路の志築廃寺からも、讃岐系の白色凝灰岩が出土していることから、淡路までは当時、運ばれている。

岩屋峠付近の石切場跡　壬申の乱のときの石手道にあたるのが、竹内街道からわかれて岩屋峠を越えて奈良盆地側の当麻にいたる道であろう。岩屋峠付近から太子町山田に下る付近に石切場跡が点在する。竹内街道から岩屋峠にいたる谷沿いの石英斑岩の板石（丹波石？）が敷かれた道を登っていくと、片麻状黒雲母花崗岩の基盤岩に白色の凝灰岩層が不整合に重なっているのがみられる。ここが二上山の火山岩が噴出した始まりである。

池の堤下を右手に巻くと万葉の森に出る。休憩場があり、斑糲岩に刻まれた「花アルトキハ　花ニ酔イ　風アルトキハ　風ニ酔ウ　莫山」の碑がある。書家である榊莫山氏の歌碑は斑糲岩であるが、表面が風化して長石の粒が溶けてしまった凸凹した生駒石のような表面でなく、芯石として掘り出されたような表面である。さらに、檜《ひのき》の木立のなかを登ると、左手に石切場跡の立札がある。

立札には採石の様子も描かれているが、現代の花崗岩のような硬い岩石の採石方法で、上の方にある石切場跡から推定される採石方法とは、だいぶ違う。花崗岩や閃緑岩の採石は山地に転在する石を割っているのが江戸時代で、掘削して採石していく方法は火薬を使うようになる大正時代以降のことである。

徳川期の大阪城築城時と推定される石切場跡が大東市龍間の生駒山中にある。ここでは谷に転がる大きな転石に矢穴をあけて割り、必要な大きさの石材を採石していたようである。

また、阪奈道路の大阪側の下り口付近にも、残念石とよばれる採石途中の石がある。地下に掘り込

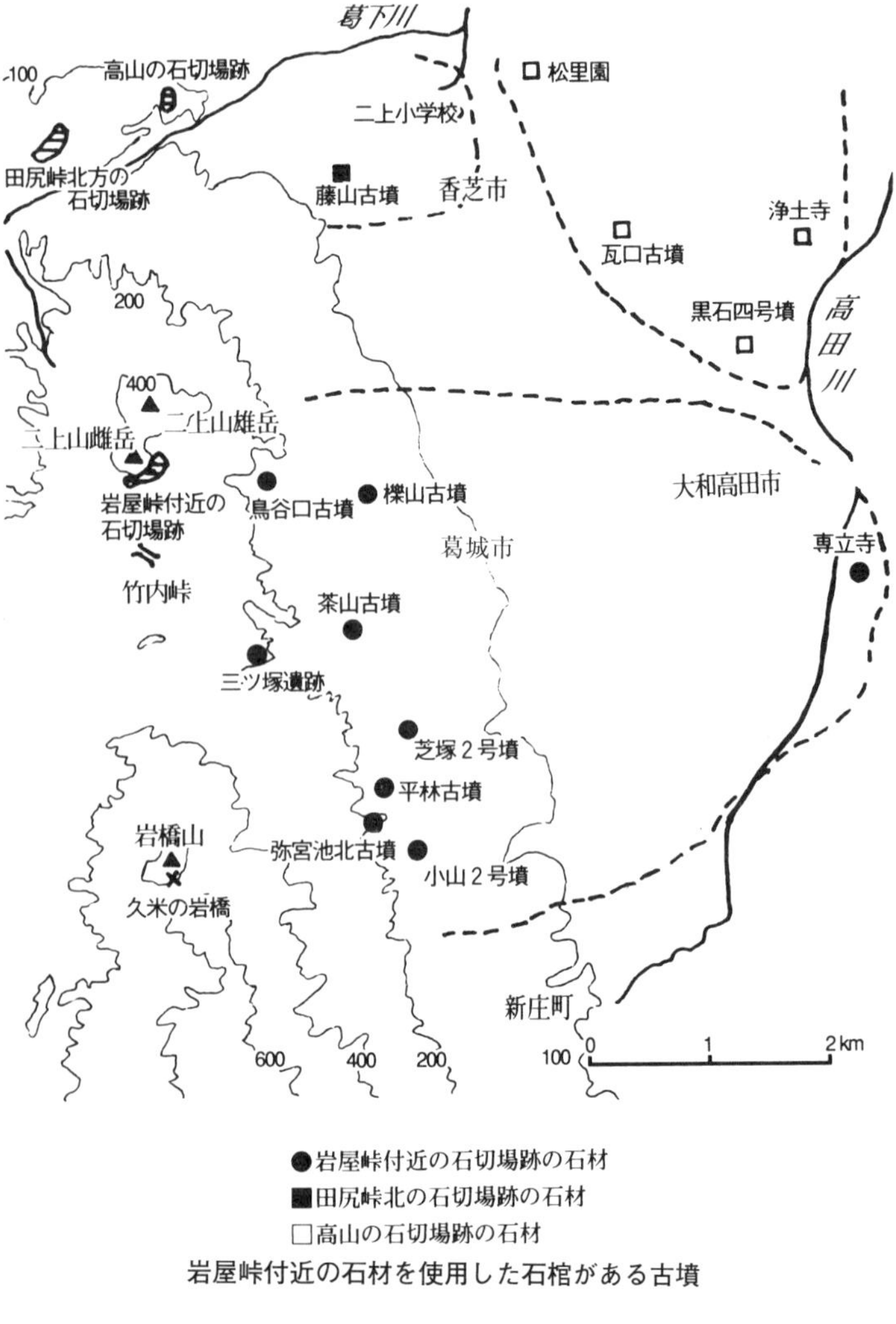

岩屋峠付近の石材を使用した石棺がある古墳

んで石材を採石している石切場跡は、橿原市南妙法寺にある益田岩船に登る途中の山林内にみられ、大正時代の採石場跡のようである。龍間の石切場跡の石種は黒雲母花崗岩で、南妙法寺の石切場跡の石種は石英閃緑岩である。

さて、立て札をみて、階段を登っていくと、石切場跡に着く。採石跡の崖面には鑿跡も残り、掘削の跡も残っている。刳抜式石棺のような大きな直方体の石材を採石した跡がうかがえる。現在、石切場跡で刳抜式家形石棺のような大きな石材が切り出された跡がみられるのは、この場所だけである。

この露岩の石種は火山礫凝灰岩である。含まれる礫には柘榴石黒雲母安山岩が比較的多く、松脂岩は少ない。また、基質には柘榴石や黒雲母が含まれる。柘榴石黒雲母安山岩礫が多く含まれていると青灰色にみえる。

平林古墳の羨道《せんどう》棺の底石には、青灰色にみえる柘榴石黒雲母安山岩礫が多い凝灰岩が使われ、岩屋峠の岩相に似ている。柘榴石黒雲母安山岩の礫を含む岩屋峠付近の岩相の凝灰岩を石材に使用された石棺と所在地は、つぎのようである。

茶山古墳棺　(葛城市竹内)　組合式家形石棺　直葬か
芝塚二号墳棺　(葛城市兵家)　組合式家形石棺　横穴式石室玄室内
櫟山古墳棺　(葛城市染野)　組合式家形石棺　橿原考古学研究所附属博物館在
小山二号墳の前棺　(葛城市太田)　組合式家形石棺　未盗掘棺

専立寺境内の石棺　（大和高田市本町）刳抜式家形石棺　棺蓋・棺身
弥宮池北の石棺　（葛城市如意）組合式家形石棺　直葬
鳥谷口古墳の石槨　（葛城市染野）閉塞式の組合式横口式石槨　棺蓋の転用
平林古墳の前棺　（葛城市兵家）組合式家形石棺　羨道棺の底石
三ツ塚遺跡の石棺　（葛城市竹内）刳抜式家形石棺　玄室内　棺蓋・棺身

このように、岩屋峠付近の石切場跡の石材が使われている石棺の例をあげたが、一つの石棺のすべての石材に岩屋峠付近の石が使われているのだろうか。専立寺境内棺や三ツ塚遺跡の石棺のように、刳抜式家形石棺では、棺蓋・棺身ともに岩屋峠付近の岩相の石である。しかし、櫟山古墳棺や小山二号墳棺は棺蓋に岩屋峠付近の石、棺身に鹿谷寺跡北方付近や牡丹洞東方付近の石も使われ、すべての石材がおなじ石切場の石材であるとはいえない。

石室内に安置されている石棺では蓋石に岩屋峠付近の石が目立つ。組合式家形石棺では目立つ場所に、岩屋峠付近の石切場の石が使われているといえる。

小山二号墳の奥棺は組合式家形石棺の棺身の一部しか確認できなかったが、棺身には前棺の棺底とおなじような鹿谷寺跡北方付近や牡丹洞東方付近の石が使われていた。奥棺も前棺とおなじように棺蓋に岩屋峠付近の石が使われていたのだろうか。

石棺材の推測はさておいて、岩屋峠付近の石が使われている石棺の分布であるが、南が太田で、北が染野、東が大和高田市本町付近、西が竹内となる。大和高田市でも高田川の西側となり、ほぼ葛城市から大和高田市の西部にかけての範囲に分布する。古代の豪族では當麻氏の勢力範囲内といえよう。岩屋峠付近の石切場跡は當麻氏の石切場と推定され、氏族の象徴として目立つ位置に岩屋峠付近の石を使用したのではないだろうか。

田辺南方の採石推定地　近鉄大阪線に大阪教育大学前駅がある。池田・平野・天王寺にわかれていた大阪教育大学は、統合・移転によって、寺山の砕石場跡に大学ができた。また、このために駅が新設され、線路のコースが変更され、長いトンネルができた。この駅の南方は寺山の裾にあたり、石英安山岩質火山角礫岩が分布する。東方に行けば、長石と黒雲母が目立つ石英安山岩が分布する。

この地の北西方にある玉手山公園内に、東ワカ山古墳棺が移築されている。組合式家形石棺で、観察されるかぎり、石材は石英安山岩質火山角礫岩である。採石地は大阪教育大学前駅南方付近と推定される。

また、柏原市平尾山にある平尾山古墳群三十四号墳棺も、石英安山岩製である。この棺は組合式家形石棺で、石材は観察されるかぎり、長石と黒雲母が目立つ石英安山岩である。大阪教育大学前駅の東から関屋方面にかけて分布する石英安山岩の岩相の一部に似ている。

柏原市田辺付近から、寺山、寺山の南にある鉢伏山にかけて分布する石英安山岩や石英安山岩質凝灰岩は、寺山火山岩とよばれている。

3　播磨系の石材

高砂市・加古川市・加西市におよぶ加古川流域には、中生代白亜紀に噴出した流紋岩質凝灰岩が広い範囲に分布している。この岩石を顕微鏡等で調べると、石英安山岩質凝灰岩とよばれている場合が多い。裸眼では長石や石英がみられることから流紋岩質とする。また、この岩石が分布する範囲には現在の石切場や石切場跡が散在している。

伊保山付近の石切場

高砂市に「石宝殿《いしのほうでん》」がある。播磨風土記の印南郡《いいなみのこおり》の条に

「原の南に作石あり。形、屋の如し。長さ二丈、広さ一丈五尺、高さもかくの如し。名を大石といふ。傳へていへらく、聖徳の王の御世、弓削の大連の造れる石なり。」

と、あり、石宝殿は聖徳太子の世に弓削大連である物部守屋が造ったものであるとされている。播磨風土記の記述をもとにすれば、用明二年（五八七）四月に泊瀬部皇子（崇峻天皇）や竹田皇子（植山古墳の東側石室の被葬者と推定されている）、厩戸《うまやど》皇子（聖徳太子）、諸豪族によって守屋とその一族が滅ぼされていることから、用明二年以前の築造となる。

石宝殿は火砕流堆積物のフローユニットの境に生じた節理面を利用して、石材の下限を決めて、露

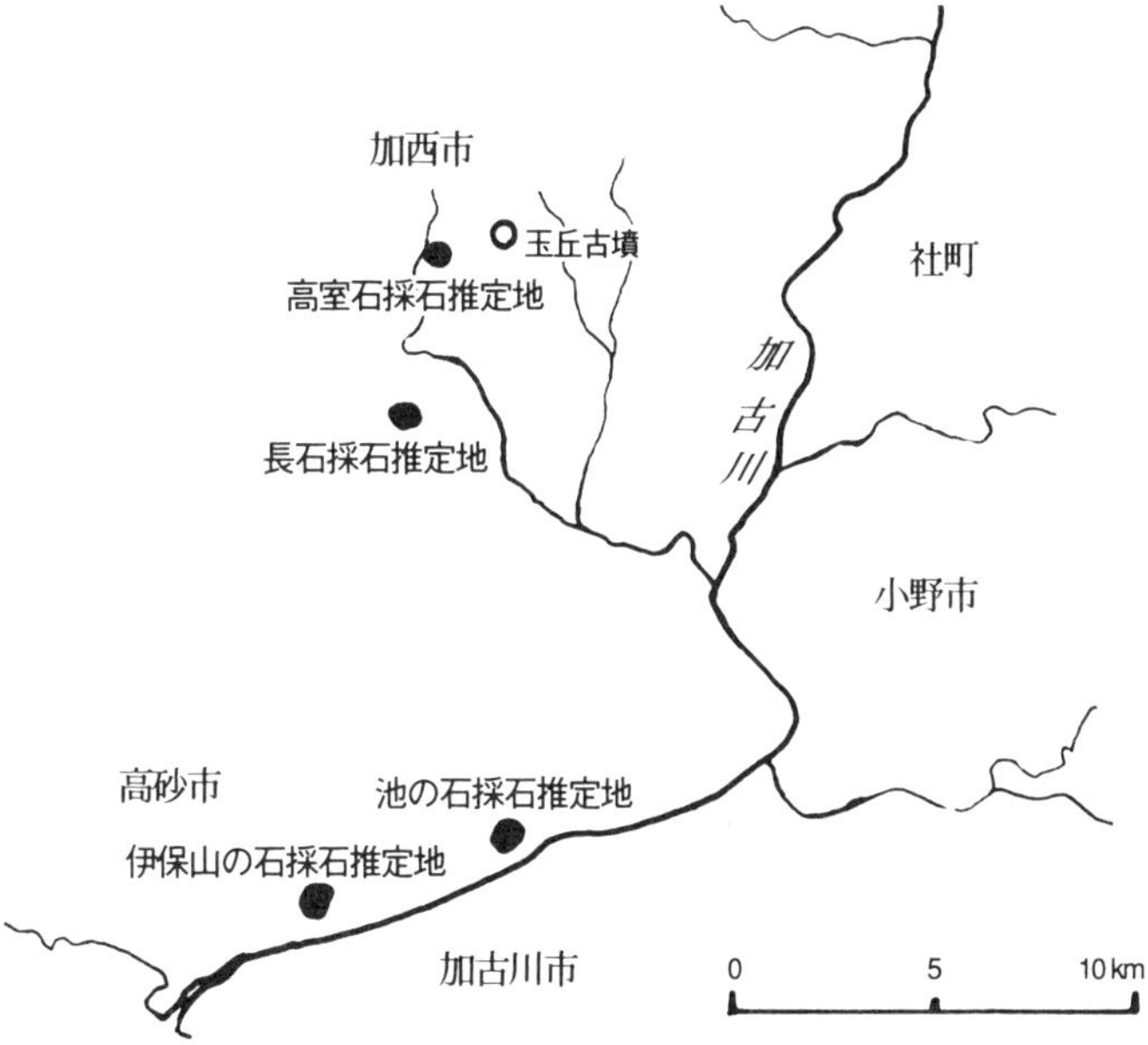

播磨系石材の採取推定地

岩を削りこんでいる。石宝殿の周囲の加工作業に要する労力は膨大なものである。石宝殿を御神体とする生石《おうしこ》神社がある宝殿山を中心にすれば、南に加茂山、龍山《たつやま》、西に伊保《いほ》山、北に御連山、地蔵山がある。宝殿山を除くどの山にも石切場、石切場跡がある。

伊保山の西斜面には石棺の未製品や、刳抜式家形石棺の棺蓋である天磐舟《あまのいわふね》があった。天磐舟は高砂市の教育センターの庭に移築され、展示されている。

伊保山の西斜面の石棺未製品があった付近に、点在する石と谷を越えた東の尾根の採石場跡付近の岩相をみると、相位的には石棺の未製品があった付近が下位で、東の石切場跡付近が上位になる。伊保山の石は含まれている火山礫によって区分される。基質はガラス質で、長石や石英の斑晶がわずかにみられる。

石棺の未製品があった付近

この付近には、基質はガラス質で、含まれる礫の周囲が溶けて基質と明瞭でない石、こぶし大から人頭大の流紋岩礫や軽石の礫がみられる石・軽石が多く含まれており、風化すれば蜂の巣状の凹みができる石・ガラス質で、風化すれば亀甲状の模様ができる石がある。これらの石とおなじような石棺材をあげよう。

［含まれる礫の周囲が溶けて基質と明瞭でない石］石の種類は火山礫凝灰岩、凝灰角礫岩である。実例はつぎのとおりである。

下田小学校の長持形石棺（香芝市下田）狐井城山古墳の北東初田川出土の棺蓋　二上山博物館在

艸《くさ》墓古墳棺（桜井市谷）刳抜式家形石棺の棺蓋・棺身

［こぶし大から人頭大の流紋岩礫や軽石の礫がみられる石］石の種類は、凝灰角礫岩である。

阿弥陀橋の石棺（香芝市良福寺）長持形石棺の棺蓋を阿弥陀橋の石材として使っていたのを集めて橋の横に置いている。

［風化すれば蜂の巣状の凹みを生じる石］石の種類は火山礫凝灰岩である。

平荘地内十六号墳棺（加古川市平荘町池尻）平荘湖の湖岸に展示されている刳抜式家形石棺の棺蓋。

伊保山付近の位置図（兵庫県生産遺跡調査報告「採石遺跡Ｉ」より）

［風化すれば亀甲状の模様を生じる］石の種類は火山礫凝灰岩である。

誉田八幡宮境内の天井石（羽曳野市誉田）境内の藤棚下に板石がある。割られていて、長さを推定できないが幅が一メートルほどある蒲鉾《かまぼこ》状の石である。

天磐舟（高砂市伊保山）刳抜式家形石棺の棺蓋。

東方の石切場跡付近

火山礫の周囲が明瞭で、灰色や青灰色の流紋岩質の火山礫が含まれる。基質はガラス質である。石の種類は火山礫凝灰岩である。

水泥南古墳の前棺（御所市水泥）刳抜式家形石棺の棺蓋・棺身　突起に蓮華紋が施されているめずらしい棺である。左右の突起は羨道に入りにくいために打ち欠かれたのか、発掘調査時に玄室内から破片として出土している。この破片のなかに線刻があるものがあったことから、左右の突起にも線刻が施されていた可能性がある。

池尻付近の石切場跡

加古川の西にある平荘湖付近には石切場跡が散在している。この付近の石切場跡の石には白色の流紋岩礫が斑晶状に点在し、基質がややガラス質の石と、流理方向に細粒の構成粒が並んで層をなしている石とがある。

［白色の流紋岩礫が点在する石］石の種類は火山礫凝灰岩である。

山伏峠の奥の棺蓋（加西市玉丘町）小形の長持形石棺の棺蓋が墓地に建てられている。［構成粒が並んで層をなす石］石の種類は火山礫凝灰岩である。

丸山古墳の奥棺（橿原市五條野町）刳抜式家形石棺の棺蓋。玄室には二つの棺があることを近所の古老から聞いていたが、実態は明治二十年頃に陵墓参考地に治定され、閉塞されている。偶然にも平成になって閉塞石がはずれて、人が入れるようになった。その後、宮内庁によって調査され、実態が明らかとなった。判定は写真によるしかないが、奥棺の棺蓋には水平の層の線がみられる。このような特徴からしか判断できないが、池尻付近の石と推定される。棺身は埋まっているため、石種は不明。丸山古墳棺は突起の形状から前棺が古く、奥棺が新しい。

牧野古墳の奥棺（奈良県北葛城郡広陵町三吉）刳抜式家形石棺。青灰色の細粒の流紋岩粒が固まったような石である。水平に筋のようなものがみられる。棺蓋と棺身は同質の石である。

長の採石場付近

加西市長《おさ》付近には現在も稼行している採石場があり、その近くには石棺材と似た石が露出する地点もある。後者は善坊池の西にある道路の路傍で、水源施設に登って行く道がある場所である。採石場の石は淡青灰色で、緑色や灰色、淡桃色、褐色、黒色の流紋岩礫を含む火山礫凝灰岩質溶結凝灰岩、凝灰角礫岩である。水に濡らした新鮮な石はカラフルで美しい。このような石の石棺を見たことがない。

善坊池西方の路傍の石　灰色や褐色、茶色、黒色の流紋岩礫とまれであるが黒色の頁岩《けつがん》礫を含む火山礫凝灰岩、凝灰角礫岩である。基質には桃色の三ミリにおよぶ長石が含まれる。このような石材の石棺はつぎのようである。

西剣坂町の運動公園隅の石棺　加西市西剣坂町の運動公園の東南の隅に二基の刳抜式家形石棺の棺蓋が置かれている。二基ともに突起がない。近くの水路に使われていたものを運んできたそうである。

山伏峠の石棺（加西市玉丘町）山伏峠から西側に登る細い道がある。少し登ると右手に棺蓋が立っている。無突起の刳抜式家形石棺の棺蓋である。

高室付近の石切場跡

加西市高室付近には石切場跡が数か所みられる。高室付近ではこの石切場の石材を高室石とよんでいる。東高室の交差点の東の竹藪の中に石切場跡がある。この石切場跡の崖面ではほぼ水平に割れ目がみられ、垂直な節理面は少ない。

この石切場では扁平な石は砕石できたであろうが、厚さが一メートルを越すような石は割れ目のために採石できないだろう。石を構成する粒は細粒で、灰色や淡桃色、褐色、黒色の流紋岩粒である。砂粒が固まったような石で、砂岩のようにみえるが、粒は火山岩粒のみであることから、火山礫凝灰岩や石質凝灰岩である。この石は裸眼では輝石が確認されないために流紋岩質となるが、実体顕微鏡やルーペ等で観察すれば石英安山岩質となる。

玉丘古墳棺（加西市玉丘町）後円部の墳頂に盗掘孔があり、孔の底に長持形石棺の破片がみられる。一見、砂岩のように見える。「根日女《ねひめ》の墓」とされている古墳である。

玉野の石棺仏（加西市玉野町）刳抜式家形石棺の棺蓋で、路傍に立てられている。横からみると、縦に割れ目がみられる。東高室付近の石切場跡付近の石に岩相が似ている。

福居《ふくい》の石棺（加西市福居町）刳抜式家形石棺の棺蓋である。福居の集落の共同井戸の側石に使われていたようである。東高室付近の石切場跡付近の石の岩相に似ている。

4　紀ノ川・沼島系の石材

奈良盆地の南部や淀川の下流域にみられる結晶片岩を使った箱式石棺である。石室内に置かれているものと直葬のものとがある。前期古墳の石室のように、紅簾石片岩をとくに使っていることもなく、緑泥石片岩や点紋をともなう緑泥石片岩が多い。

御所市付近

御所市室にある室の大墓の石室の壁石が結晶片岩を使っていることについては前述したが、室の大墓がある葛城の地付近には、結晶片岩を石棺材に使った古墳がみられる。箱式石棺を直葬された古墳もあるが、横穴式石室に納められたヲギタ古墳、新宮山古墳がある。

ヲギタ古墳（高市郡高取町与楽《ようらく》）土取り場の崖面に現れた古墳で、石室内には片理面を利用して採石した片岩を粗加工して組み合わせた棺があった。石棺に使われている石材は緑泥石片岩が多く、石墨片岩がわずかであった。緑泥石片岩には一ミリほどの白色の点紋がみられるものが多く、点紋ができはじめる程度の変成の緑泥石片岩が使われていた。この古墳が位置する付近から曽我川をさかのぼり、薬水から紀ノ川流域の阿田に出れば、点紋ができはじめた緑泥石片岩が川原一帯に広く分布している場所がある。この阿田付近で石棺の石を採石したと推定される。

新宮山古墳（御所市稲宿《いないど》）玄室の奥に箱式石棺がある。畳のような板石に加工され、側石や蓋石は一枚石である。厚みが十センチもないことから、割れ目が多い片岩の割れ目がない部分を捜して、加工したものであろう。石材は白色の点紋がみられる緑泥石片岩である。五條市阿田付近の石と推定される。

茨木市付近

将軍山古墳の竪穴式石室には紅簾石片岩が多量に使われている。この古墳の西方に海北塚《かいほうづか》古墳がある。横穴式石室の天井石が石室内に落ち込み、石棺が見にくい状態である。石室の石材は角閃石が目立つ閃緑岩で、茨木市佐保付近に分布する閃緑岩の岩相の一部に似ている。玄室内には箱式石棺があり、観察される限り、緑泥石片岩の板石である。採石地としては紀ノ川流域か徳島県の吉野川流域が推定される。

新宮山古墳の奥棺の石と海北塚古墳の石は、岩相的に似た緑泥石片岩である。点紋をともなう緑泥石片岩は、吉野町竜門付近から和歌山市にかけての紀ノ川沿い、さらに、四国の吉野川沿いに部分的に分布する。岩相的にも似ていることから、古墳から近い場所や運搬しやすい場所に石材の採石地を求めただけであり、採石跡を確認したわけではない。

5　摂津西部の石材

神戸市の西部には神戸層群とよばれている新第三紀の地質時代に堆積した地層が分布している。火山起源の物質が多く含まれる地層で、白色の凝灰岩層からなる。西神ニュータウンが開発されているときには硅化木《けいかぼく》の化石が採取できた。

硅化木を薄片にして横断面と縦断面の組織をみれば、種の同定はできないが、属か科ぐらいまでの同定ができるものもあった。大きな硅化木は鑑賞用の商品として採石されたようである。

また、この地層には木の葉の化石を多く含んでいる部分がある。ブナやカエデ、ナラ、フウ、シュロウ等の葉の化石が報告されており、現在の神戸付近の気候とおなじようである。摂津の北部付近には、この付近の神戸層群の凝灰岩を使用した石棺が分布している。

柏原市大平寺の平尾山の尾根部に墓地が造成されるために古墳が調査されていた。横穴式石室の中から白色の凝灰岩の破片が多く出土した。破壊されているために石棺の復元はできないが、組合式石棺である。白色の凝灰岩であるのに黒色の松脂石粒や灰色の流紋岩粒が含まれない。そのかわりに木の葉の化石がみられる。また、凝灰岩には軽石と火山ガラスが含まれている。

旧石器の産地である香芝市関屋付近の原川累層の白色の凝灰岩に木の葉の化石が含まれるが、火山ガラスはみられない。また、石棺材を採石できるような大きさと硬さの凝灰岩もみられない。神戸層群の凝灰岩には火山ガラスがみられることから、平尾山の古墳から出土した石棺は、神戸市西部に分布する凝灰岩であると推定される。

6　讃岐系の石材

香川県の五色台はサヌカイトの産地として有名である。屋島や鷲の山、雨滝山、火山《ひやま》付近には花崗岩類の基盤の上に噴出した新第三紀中新世の時期の火山岩が分布し、二上山付近に分布している二上層群の火山岩に似ている。

二上山・小豆島・五色台に分布するような二上山系の石材とおなじ火山岩が分布する範囲は、明治の頃から岩石学的に瀬戸内火山岩石区とされている。

讃岐系の石材とされるものに安山岩と凝灰岩とがある。凝灰岩は火山岩の初期の噴出物として、五色台の北からの登り口や火山の安山岩の下部、志度半島等にみられる。柘榴石と黒雲母を含む安山岩は、鷲の山や雨滝山に分布している。

讃岐地方の安山岩製の石棺や凝灰岩製の石棺について、十分な観察をしていないため、安福寺の石棺と貝吹山古墳の石棺についてだけ述べる。

安福寺の石棺（柏原市玉手山安福寺境内）柏原市玉手山の南北に連なる丘陵の尾根部に前期古墳が連なり、この丘陵西側山腹に安福寺がある。寺の前に割竹形石棺の棺蓋が置かれている。この石棺は玉手山三号墳出土といわれている。三号墳から出土した埴輪からの比較によれば、船の絵が描かれた楕円筒埴輪が出土した天理市の東殿塚古墳の埴輪に似ていることから、三世紀末頃の古墳である。

伝承と石棺の形態による年代観に差があることはさておいて、棺蓋の石材は、角閃石を含む柘榴石黒雲母安山岩である。柘榴石黒雲母安山岩は、二上山西麓にも似た岩相の石が分布するが、角閃石が認められないことから、二上山系の石材とは明らかに異なる。

棺蓋には小指の先くらいにおよぶ角閃石の斑晶がみられることから、角閃石の斑晶を含む柘榴石黒雲母安山岩が分布する雨滝山の安山岩と推定される。雨滝山は火山《ひやま》の西方にある。従来、安福寺の棺の石材は、高松市の南にある鷲の山の安山岩とされているが、鷲の山は、角閃石の粗い斑晶がみられないことから、岩相が異なる。

貝吹山古墳の石棺（岸和田市池尻町）竪穴式石室の中から白色の石棺材片と推定される火山礫凝灰岩が出土している。黒色の松脂岩や淡桃灰色の流紋岩礫が含まれ、基質が白色であることから、志度半島に部分的に分布する白色の凝灰岩の岩相の一部に似ている。この古墳は、四世紀の後半の時期と推定されている。

7　肥後系の石材

熊本県宇土半島の付け根に宇土城がある。この城下宇土市には、江戸時代に設置された上水道の施設「轟水源」がある。現在でも導水管には水が流れ、使われている。

石材は宇土市西部の馬門付近から採石されているようで、馬門付近には石切場跡が多くみられる。この地ではこの石材を「馬門石」とよんでいる。導水管に使われている石材は、輝石を含む安山岩質凝灰岩である。色は淡桃色から赤褐色で、斑晶鉱物が柱状の輝石と短柱状の長石である。含まれる安山岩礫には、黒色や灰色、赤色のものがある。馬門石と推定される石棺材、石造物をあげると、つぎのようなものがある。

野神古墳棺（奈良市桂木町）刳抜式石棺。竪穴式石室に安置されている。石室の壁石は川原石で、

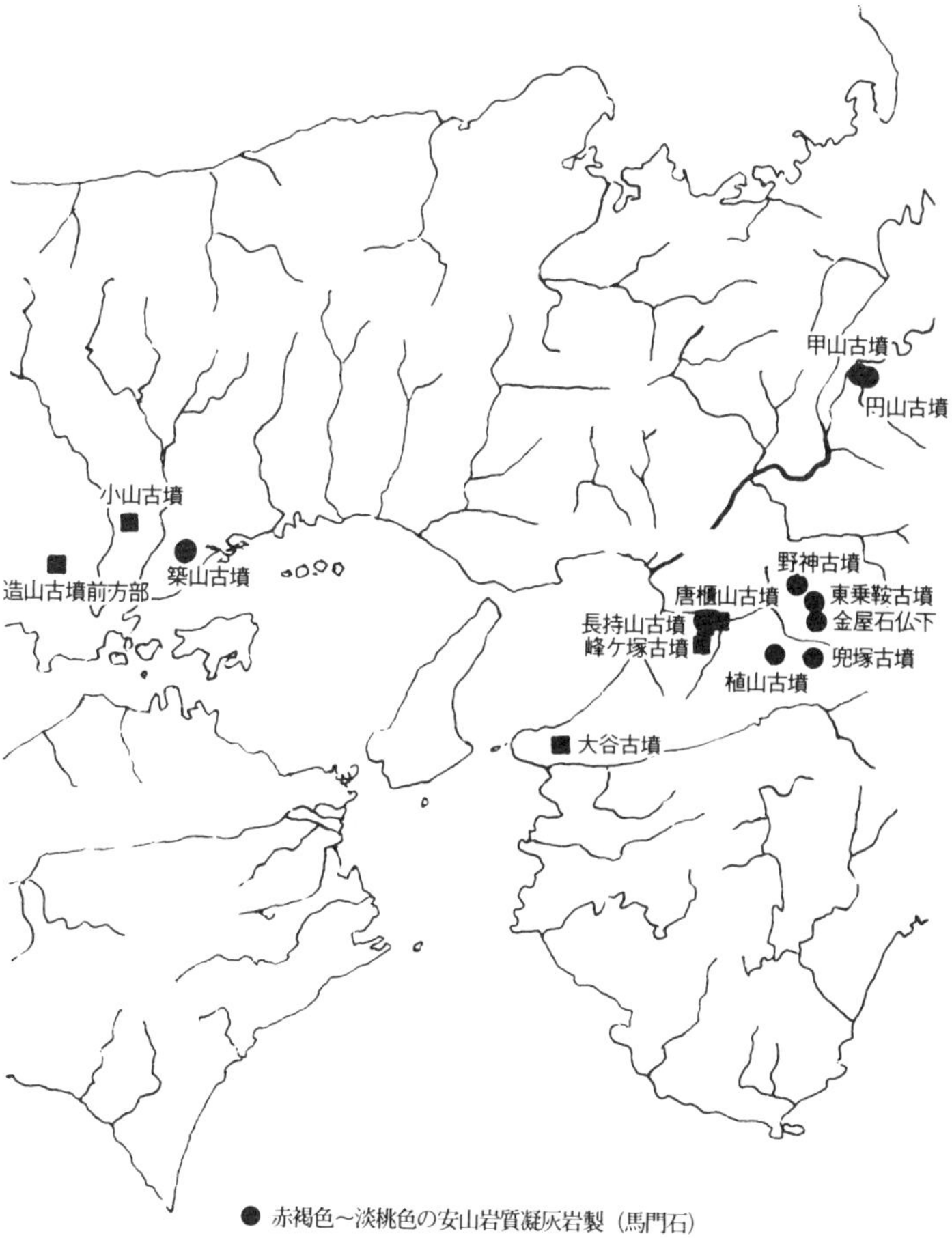

● 赤褐色～淡桃色の安山岩質凝灰岩製（馬門石）
■ 灰色～暗灰色の安山岩質凝灰岩製（氷川石）

肥後系石材の石棺の分布

天井石は加工石の花崗岩である。

築山古墳棺（岡山県瀬戸内市長船町西須恵）刳抜式家形石棺。棺のみが墳丘上に置かれている。

長持山古墳上方の棺（藤井寺市林）刳抜式家形石棺。当古墳の石室の上方にあったようである。

金屋の石仏下の棺（桜井市金屋）刳抜式家形石棺の棺蓋。石仏の祠の下に置かれている。

兜塚古墳棺（桜井市浅古）刳抜式家形石棺。墳丘に棺が露出している。

東乗鞍古墳奥棺（天理市乙木町）刳抜式家形石棺。横穴式石室の玄室に置かれている。

円山古墳棺（滋賀県野洲市）刳抜式家形石棺。横穴式石室の玄室に置かれている。

甲山古墳棺（滋賀県野洲市）刳抜式家形石棺。横穴式石室の玄室に置かれている。

植山古墳東石室棺（橿原市五條野町）刳抜式家形石棺。横穴式石室の玄室に置かれている。

植山古墳西石室（橿原市五條野町）拳大の破片が玄室より出土。棺台か、礼拝石か。

熊野権現礼拝石（大阪市天王寺区）四天王寺境内にある。

以上のように馬門石製の石棺は、五世紀末から六世紀まで畿内に運ばれていたようである。また、四天王寺の礼拝石や植山古墳の西側の石室の例からみれば、石棺以外の石造物として、七世紀前半にも畿内に運ばれていたといえる。

赤色の安山岩質凝灰岩をここでは宇土市の西部で産出する馬門石としたが、大分県の耶馬渓付近にも、赤色の安山岩質凝灰岩が分布しているそうである。今後の比較検討が必要である。両地方で共通することは、この付近に畿内系の石棺が分布しないことである。石材の産地が大分であっても宇土であってもよいが、畿内の有力者が特別に運びこんでいたといえよう。

肥後系の石材には、前に述べた赤色の安山岩質凝灰岩以外に黒色や灰色を示す安山岩質凝灰岩製の石棺がある。これは柱状の輝石を含む安山岩質凝灰岩である。そのなかで灰色の石は、二上山系石材と間違われることが多い。

阿蘇系石材の石棺をくわしく研究している宇土市教育委員会の高木恭二氏は、赤色の石棺材は馬門石で、黒色や灰色の石棺材は氷川石《ひかわいし》であるとしている。

黒色や灰色の安山岩質凝灰岩製の石棺の出土例をあげる。

造山古墳前方部在石棺（岡山市北区新庄下）刳抜式石棺。造山古墳前方部の神社前に棺身、神社横に棺蓋が置かれている。黒色の石材。

小山古墳棺（岡山県赤磐市）刳抜式石棺。墳丘に破片が散在していた。黒色の石材。

大谷古墳棺（和歌山市大谷）組合式石棺。釣鐘状の突起をもつ。灰色の石材。

長持山古墳棺（藤井寺市林）刳抜式石棺。玄室内にあったとされる。黒色の石材。道明寺小学校校庭にある。

唐櫃山古墳棺（藤井寺市林）刳抜式石棺。民家の庭である墳丘に置かれている。黒色の石材。

峯ヶ塚古墳棺（羽曳野市軽里）石棺材の破片。黒色と白色の石材片がある。

この石棺材は河内ではみられるが、大和ではみられない。また、これらの古墳の時期は五世紀から六世紀の初頭ごろまでである。灰色や黒色の石材は、赤色の石材よりも早い時期に使われているようである。

8　狭山池の石棺

なぜ古墳でない狭山《さやま》池から大量の刳抜式家形石棺が出土しているのか。ミステリーの一つであった。大阪狭山市にある狭山池の堤は、奈良時代の高僧である行基により築かれ、東大寺の中興の祖である重源、戦国の世を統一した秀吉の子である秀頼によって改修されている。また、保水量確保のために平成になって大規模な改修工事がされた。

堤防の改修に先立つ事前発掘調査で、秀頼のときに造られた尺八樋の集水施設が出てきた。集水口付近には船の転用材が使われていたが、ラッパ状に広がった部分には、刳抜式家形石棺の棺身や重源が改修したときに刻んだ砂岩製の碑文の石などが二段に積まれていた。

石棺は一基が二上山系の石材で、他は播磨系の石材である。以前から狭山池の堤防付近に石棺が多くあり、不思議であったが、集水施設の出現により、その原因がはっきりとした。

平重衡の南都攻めによって焼かれた東大寺大仏殿の再興を祈願した重源による改修工事のときの導

水施設に刳抜式家形石棺が使われたようである。棺身の前後の小口部を打ち欠き、棺の内部の刳抜とおなじようにすればU字形の樋となり、棺蓋でふたをすれば導水管となる。連続して並べれば導水施設となる。

重源によって造られた樋の石材を、秀頼の時期に樋の集水施設の石に再転用したのである。南河内に播磨系石材の石棺が少ないのはこのためかとおもえた。

また、大阪府太子町の近つ飛鳥の磯長《しなが》小学校横にある棺蓋の対になるものが、このなかにあるのではないだろうかと思えた。仏につかえる者が、死者を安置する石棺を転用していることになる。

大和郡山城の石垣には、多量の石仏や石塔等が使われている。これは築城にたいする権力のなせる業《わざ》で、狭山池の樋の場合とは意味が異なるといえるだろう。

狭山池の石棺材は岩相から、播磨系の石材と二上山系の石材に大きく二区分される。

二上山系の石材は集水施設の西端において一基のみ確認できた。白色の凝灰角礫岩製で、牡丹洞東方付近の石と推定される。

播磨系の石材は、二段に積み上げられた石棺の棺身で、十基中九基が伊保山付近の石と似ており、一基が加西市の善坊池西の路傍付近の石に似ていた。重源が記した碑文の石は和泉層群の砂岩と似た自然石である。

5章　終末期古墳の石材

高松塚古墳の被葬者がだれであるかは、高松塚の発掘以来、多くの学者によって論じられてきた。いまではだいぶ落ちついてきて、天武天皇の第九皇子である忍壁《おさかべ》親王、あるいは左大臣の石上麻呂《いそのかみまろ》などが推定されている。忍壁皇子の没年は慶雲二年（七〇五）で、石上麻呂が霊亀三年（七一七）である。両者共に八世紀に入っての没年であり、石上麻呂の場合は奈良時代となる。

最近、調査され、壁画が鮮明に出てきたキトラ古墳は、さらに時期が新しい古墳のようである。終末期古墳の始まりをいつにもっていくか、明瞭な基準はないが、私としては冠位十二階が出された推古十一年（六〇三）頃の七世紀の初めとしたい。

終末期古墳が造られる時期になれば、石材の加工技術が発達してくることから、この技術に目をうばわれて、これを編年の基準にしていることが多い。しかし、石材によって加工に極端な難易度があり、たんに編年の基準になりうるとはいえないだろう。

播磨風土記に出てくる石宝殿は、製作者が物部守屋で、聖徳太子の世に造られたとされている。すくなくとも、七世紀の第1四半期には石宝殿を造れるような技術があったことになる。

1　終末期古墳の石室の形による区分

終末期古墳の石室を形からつぎのように六区分する。

A　横穴式石室で、従来の横穴式石室のように小さな石積みで閉塞するタイプ…石舞台古墳タイプ

B　横穴式石室で、棺台があり、従来の横穴式石室のように小さな石積みで閉塞するタイプ……………………………………………………………………安堂三号墳タイプ

C　横穴式石室で、墳丘の段築と石室の位置が合うように造られ、入口を土や石で埋められなく開口している。おそらく木造の建物が入口にあったのだろう。玄室には石棺が置かれているタイプ……………………………………………………西宮古墳タイプ

D　横口石槨で前室の入口が横穴式石室のようになり、前室の閉塞に小さな石を積み上げて閉塞するタイプ……………………………………………………お亀石古墳タイプ

E　横口式石槨で前室の入口にも閉塞石か扉石があるタイプ………観音塚古墳タイプ

F　横口式石槨で前室がなく、棺を納める部分を閉塞するタイプ………牽牛子塚古墳タイプ

各タイプの石室・石槨の存続期間については、短いものもあれば、終末期の期間をとおして存在する長いものもある。

A　石舞台古墳タイプ

明日香村島庄にある石舞台古墳は、推古三十四年（六二六）に亡くなった蘇我馬子の墓（桃原墓）といわれている。石舞台古墳の石室は、巨石を使用した両袖式の横穴式石室である。玄室には天井石が残っているが、羨道《せんどう》の天井石はない。

石室に使われている石は、石英閃緑岩で、細川谷にみられる石と似ている。羨道の壁石と玄室の壁石とをくらべれば、玄室には円みがある石が使われ、羨道には角ばった石が使われている。羨道の石は一枚で羨道の高さまであり、石が合わせてある上部には三角の石がはめられているが、左右の石には隙間がないために詰め石がされていない。袖石はみごとに方形に加工された石である。

羨道のような石が五枚も六枚も自然に存在することはない。羨道の石は巨石だが、側面・上面・前面が平坦に加工された石である。文永五年（一二六八）の銘がみられる高野山の七十七町石のように連続した矢穴をあけて、矢（楔）を入れて割って加工していくのであれば、労力が少なくてすむともわれるが、益田岩船の下部に残るような方形の溝をつくり、表面から剝がして石材の面をつくりだす古代の方法では、ぼう大な労力が必要となる。

橿原市南妙法寺にある小谷古墳の壁石では、羨道部の壁石のつぎ目の上部に三角形の石が詰められている。この三角の石の使用法についていろいろな意見が出されているが、私は加工時の労働量を削減するためのものと考えている。

石舞台古墳羨道部の石の加工も、小谷古墳の石の加工もおなじである。下の石の上面の角がぴったり上の石と合うように、さらに下の石が左右ぴったりと合うように石を加工しようとすれば、三角形の石のはいっている高さまで横に削ってしまわなければならない。一つの石ではなく羨道部全部の石となれば、ぼう大な労力となる。三角形のはめ石を使用することによって労働量の削減をはかっていたのだろう。

石室の石材の加工にまで、省エネルギーの精神が働いていたのだろうか。計画した寸法がとれる石材がないために、三角形のはめ石を使用したのだろうか。結論はとにかく、石舞台古墳では玄室の様子に圧倒されて、羨道の石の観察については見すごされがちである。みかけでは石舞台古墳の石は粗加工であり、小谷古墳の場合は平面をつくり出した精巧な加工といえる。見学するときは、羨道の石にも注意してほしい。

羨道の入口には、石が落ち込んでいるが、閉塞石であるのか不明であり、閉塞の施設については調査の結果を待ちたい。羨道部の先端の石が墳丘内にあることから、閉塞した後、埋めてしまうタイプの石室であろう。

発掘によれば、わずかの白色の凝灰岩が石室内から出土しているようである。玄室一面に凝灰岩の板石が敷かれていたようでもないことからすれば、白色凝灰岩製の石棺が置かれていたのであろう。

石室の形態からみれば、八尾市神立にある巨石を使用した愛宕塚古墳とおなじような横穴式石室である。ただ、異なることは、羨道部の石に石舞台古墳では加工石が使われていることである。愛宕塚古墳は六世紀第4四半期の古墳であり、石舞台古墳とは二十五年間以上の年代差がある。この時間差が石材加工技術の発展をもたらしたのだろう。

横穴式石室は、石室内に石棺や木棺が安置された後、入口が閉塞され、入口の部分は土で埋められる。外からみれば、墳丘だけをみることができる。このような石室のタイプの古墳には、小谷古墳や桜井市阿部の文殊院西古墳、同市谷の艸墓古墳などがある。

B　安堂三号墳タイプ

JR大和路線の高井田駅の北にある高井田山の斜面には横穴《おうけつ》が多くみられる。凝灰岩の地層をくり抜いて造られた石室である。柏原市立歴史資料館の方へ登っていくと、壁に線刻が施された石室もある。

資料館の東方山頂には、古代のアイロンと推定されている火熨斗《ひのし》が出土した高井田山古墳がある。出土状況が再現されているため、一見する価値はあろう。

この地の北には住宅が立ち並んでいる。宅地造成のときに平尾山古墳群安堂第六支群三号墳（安堂三号墳）が発見され、現在、住宅地の北側に移築されている。

この古墳は横穴式石室で、両袖式の玄室を持っている。残存が悪く、石室の壁石一段が残り、羨道部の入口付近の石はない。石室の壁石には方形の加工石が使用されている。玄室内には方形に加工された白色の凝灰角礫岩・火山礫凝灰岩をならべた棺台がある。この凝灰岩は牡丹洞東方付近の石である。

出土している須恵器による年代では、七世紀第4四半期とされている。律令制がととのってきた時期で古墳が造れなくなった時期である。

また、玄室内に石棺とおなじ石を使用した棺台が置かれていたと推定される古墳に香芝市平野の平野2号墳がある。

平野2号墳は両袖式の横穴式石室で、玄室内の中央部が方形に高くなっている。この周囲には石棺と同質の白色の凝灰岩（火山礫凝灰岩）の方形の石が敷きつめられていた跡が、奥の部分で確認される。中央部の方形の高まりにも、凝灰岩の方形の石が周囲よりもいちだん高くならべられ、棺台になっていたと推定される。羨道部の入口は小さな石を積み閉塞し、土で埋める通常の横穴式石室の入口とおなじである。

玄室内に石棺と同質の石が敷きつめられている例としては、橿原市の植山古墳の西側石室がある。棺台の存在は発掘調査によって確認されていないが、玄室内には緑色の結晶片岩の板石が敷きつめられていた。結晶片岩は石棺に使われている石である。

牽牛子塚古墳の石槨には棺台があり、夾紵棺《きょうちょかん》の破片が出土していることから、石棺と同質の石で造った棺台の上には、漆塗り木棺か漆塗り篭棺、あるいは夾紵棺のようなものが置かれていたのであろう。

植山古墳の西側石室の被葬者が推古天皇と推定されることから、横穴式石室の玄室に石棺と同質の石を敷く、あるいは棺台を置く古墳は、七世紀の第2四半期から第4四半期にかけての時期が推定される。薄葬令の規定では労力的・日数的に造ることができない古墳である。薄葬令を無視した氏族の古墳といえる。

文殊院西古墳は石舞台古墳タイプに入れたが、玄室内に棺台が備えていたのであれば、このタイプとなるだろう。

C　西宮古墳タイプ

推古二十九年（六二一）に亡くなった聖徳太子の磯長《しなが》墓は、切石積みの古墳であるといわれている。しかし陵墓であり内部を見学できない。生駒郡平群町にある西宮古墳は発掘調査され、墳丘と石室の関係が明らかになっている。

上段のテラス面が羨道の天井の高さとなり、羨道の天井石外面の傾斜角が墳丘斜面の傾斜角とおなじように墳丘が造られている。羨道の天井石の端から入口の壁石の肩までの幅が上段のテラス面の幅

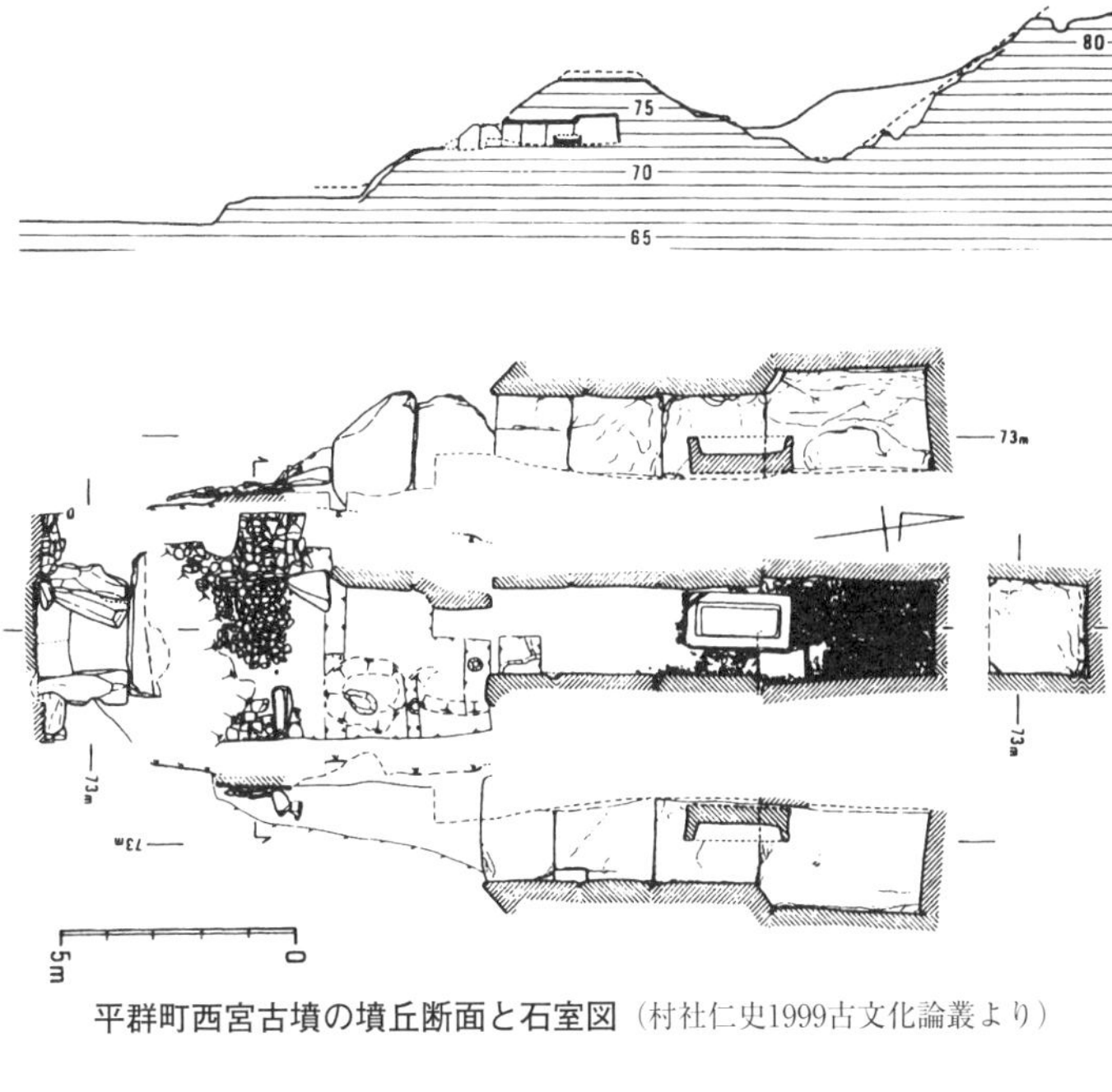

平群町西宮古墳の墳丘断面と石室図（村社仁史1999古文化論叢より）

となる。また、上段から中段のテラスにかけての斜面の傾斜は、羨道の入口の壁石の肩から前方への斜めの部分となる。羨道の床面と中段のテラス面とが一致するようになる。

羨道の壁石に閉塞施設のような部分がなく、入口の部分が外から見えるようにされていることから、入口の部分は埋められなかったのだろう。

現在みられる聖徳太子墓は、入口付近に木造の建物が建てられている。西宮古墳の入口にも現在の聖徳太子墓のように建物が建てられていたと考えられる。西宮古墳の石室は、方形に加工された片麻状黒雲母花崗岩や片麻状閃緑岩が使われ、玄室の床にも方形の加工石が敷きつめられている。片麻状黒雲母花崗岩や片麻状閃緑岩は、この古墳の西方の平群町越木塚《こしきづか》付近の谷にみられる石に似ている。石室材の加工量はぼう大なものである。

玄室内には棺身が一基残っている。棺の石材は火山礫凝灰岩で、伊保山付近の石に岩相が似ている。また、墳丘北側の斜面に葺かれている葺石は一抱えもあるような大きな石が使われており、斜面に貼ってあるようであった。

羨道の入口付近が墳丘の段築や斜面の傾斜と合うように造られている石室を西宮古墳に代表させて西宮古墳タイプとする。閉塞は木製の扉のような施設ではなかっただろうか。このタイプの古墳に聖徳太子墓、岩屋山古墳がいれられる。

この古墳の被葬者を、皇極二年（六四三）に蘇我入鹿・軽皇子（孝徳天皇）らの軍勢のために自害した山背大兄王としたい。山背大兄王は聖徳太子の子である。

D　お亀石古墳タイプ

近つ飛鳥を中心に石槨（奥室）の前に前室がある石槨墳が散在する。エジプトの例にならって、聖徳太子の時期の古墳が磯長谷に集中することから、磯長谷を王家の谷とよぶ人もある。

磯長谷の北に聳《そび》える鉢伏山には、前室がある石槨墳が多くある。しかし、この場所にある古墳には前室に閉塞の施設がある。このような石槨墳ではなく、前室の入口が横穴式石室のようになっており、小さな石を積んで閉塞しているような石槨墳をお亀石古墳タイプとする。このタイプの古墳にはつぎのような古墳等がある。

お亀石古墳（富田林市新堂）奥室は刳抜式家形石棺の小口部に穴をあけて奥室としている。石棺の上面には縄掛突起がついている。石材は白色の火山角礫岩である。

奥室の穴を封鎖する石栓は石英安山岩で、鉢伏山付近の石英安山岩に岩相が似ている。前室の石は黒雲母花崗岩、閃緑岩、斑糲岩、片麻状黒雲母花崗岩等である。この付近には石室を造れるような大きさの石が分布しないことと、石材の岩相の比較から、前室の石は東方の葛城山麓から運ばれたと推定される。

前室の壁石の間隙には、石英安山岩の加工片が詰められていることから、奥室の石栓の加工片が前室を造るときに使われたと推定される。前室の壁石は入口部になるにつれて低くなっている。閉塞をするのであれば、天井石がある部分の下から石を積み上げて閉塞し、土で埋めて墳丘の斜面としたと考えられる。横穴式石室の古墳とおなじように閉塞をしているといえる。

奥室の周囲には新堂廃寺の瓦とおなじ瓦が使われているとされる。新堂廃寺の瓦を焼いた瓦窯跡は、この古墳の南に位置するオガンジ池の斜面にある。奥室の周囲に使われている瓦を新堂廃寺の創建期の瓦とされる人や異論を唱える人などがある。

この古墳の時期としては、七世紀の第2四半期の早い時期を考えたい。

白壁塚古墳（奈良県高取町越智）石槨と前室には石英閃緑岩が使われて、前室の床に室生火山岩と同質の板石が敷かれていたようである。また石灰岩を焼いて作った漆喰《しっくい》が壁面に塗られていたようである。石英閃緑岩は、この古墳東方の貝吹山付近にみられる石と似ている。

塚廻古墳（大阪府河南町平石）この古墳ととなりに位置するアカハゲ古墳は稲の耕作期には冠水しており、農閑期に行かなければ、入ることができない。奥室と前室には粒状の黒雲母が顕著な石英閃緑岩が使われ、前室と奥室を境する扉石には石英安山岩が使われている。また、石室の床には室生火山岩の板石が敷かれていたようである。石英安山岩は鉢伏山の石と推定され、石英閃緑岩は平石から葛城山に向かう谷の奥にみられる石である。

アカハゲ古墳（大阪府河南町平石）石室には黒雲母が顕著な石英閃緑岩、黒雲母花崗岩、片麻状黒雲母花崗岩が使われている。石英閃緑岩は平石の南の谷にみられ、黒雲母花崗岩は東の岩橋山の谷に、片麻状黒雲母花崗岩はこの古墳付近にみられる石である。

平尾山南峰古墳（柏原市高井田）奥室と前室の大きな石に粒が粗い黒雲母花崗岩が使われている。前室の床にはガラス質凝灰岩の礫が敷かれている。黒雲母花崗岩は古墳が造られている付近に分布する石と同質であり、ガラス質凝灰岩の礫は山下の大和川まで行かなければ採石できない。

平尾山西峰古墳（柏原市高井田）奥室と前室ともに花崗閃緑岩が使われている。花崗閃緑岩はこの古墳付近に分布する石と同質である。

雁多尾畑古墳（柏原市雁多尾畑）奥室と前室ともに花崗閃緑岩が使われている。花崗閃緑岩はこの古墳付近に分布する石に岩相が似ている。

平尾山古墳群第三十四支群八号墳（柏原市高井田）前室と奥室の境の間隙に、白色の火山礫凝灰岩が使われ、他の石材は角閃石が顕著な閃緑岩である。閃緑岩はこの古墳付近に分布する閃緑岩に似ており、火山礫凝灰岩は牡丹洞東方付近の石と推定される。

ボウジ一号墳（奈良県三郷町南畑）奥室と前室ともに斑状の長石が散在する片麻状黒雲母花崗岩が使われている。片麻状黒雲母花崗岩はこの古墳付近に分布している石に似ている。

このタイプの古墳の石は、お亀石古墳のように石材がなければ遠地から運ばれているが、古墳造営地付近の石が主として使われている。奥室と前室の境をなす閉塞部に、凝灰岩や石英安山岩が使われている古墳もある。しかし、これは残存していたためにわかるので、閉塞した石材が観察されない場合が多い。この場合、奥室の閉塞にどのような石が使われ、どのようにして閉塞されていたのであろうか。

平尾山に分布する終末期古墳の研究では、安村俊史氏により被葬者と結びつけられるような興味がある報告がなされている。平尾山南峰古墳、平尾山西峰古墳、雁多尾畑古墳、平尾山八号墳は各々がまとまった範囲に造られた群集墳の中に、一基ずつ造られている。

また、築造も群集墳の造営と矛盾なく造られていることから、群集墳が連続して造られる時期の一つの古墳とされている。つまり、群集墳を造る一つのまとまりの中に一つだけ造られている。群集墳を造るまとまりを氏《うじ》とすれば、一つの氏のなかで石槨墳を一つだけ造っているといえる。

造営の位置からみれば、三十四支群八号墳は最終のころに造られているようであり、各群集墳の終わりころに造られたと推定される。

これら平尾山にある石槨墳の時期は七世紀の前葉とされていることから、七世紀の第1四半期から第2四半期にかかるころであろう。七世紀の初頭に出された冠位十二階に関係した氏族長の墓であろうか。

E　観音塚古墳タイプ

羽曳野市駒ヶ谷にある鉢伏山には石槨墳が散在する。鉢伏山西峰古墳や南峰古墳は、石槨の下部が露岩を削って造られている。観音塚古墳や観音塚西古墳も石槨の下部が露岩を削って造られているのだろうか。

観音塚古墳にみられるように石槨の前には前室があり、前室の入口は扉石か方形の加工石で閉塞されるようになっている。石槨の入口にも石を立てれば、あるいは石の栓をつめれば閉塞できる。石槨や前室に使われている石はすべて加工されている。石材は鉢伏山に分布している石英安山岩と同質で、古墳近くの石が使われている。観音塚古墳付近では細かい黒雲母がわずかに含まれる石英安山岩、鉢伏山西峰古墳では、黒雲母が認められない石英安山岩が使われている。

観音塚古墳のように、前室に扉石を置くか、石蓋を詰めるような閉塞施設がある古墳は、鉢伏山付近だけで観察されるといえよう。前室の入口が墳丘にみられるように造られていた可能性もあり、西宮古墳タイプの墳丘・石室のプランに似た古墳であるとも推定される。

F　牽牛子塚古墳タイプ

牽牛子《けんごし》塚古墳タイプは、高松塚古墳やマルコ山古墳のように石槨内に木棺や夾紵棺などを安置すれば、入口を閉塞してしまうタイプの石槨で、前室を持たない石室である。このタイプの古墳と石材の関係を例にあげる。

牽牛子塚古墳（高市郡明日香村越）近鉄飛鳥駅の西、飛鳥一帯が見渡せる丘の東斜面にある。石槨は二重に閉塞されている。石槨は一つの石をくり抜いて二室が造られ、室内に棺台が設けられている。入口は白色の凝灰岩で閉塞し、さらに石英安山岩で閉塞できるように入口の両側には石英安山岩の加工石が立てられている。石槨の周囲にも方形に加工された石英安山岩がみられる。石槨は凝灰角礫岩で、牡丹洞付近の石と推定される。また内側の閉塞石も凝灰角礫岩で、牡丹洞東方付近の石と推定される。石英安山岩は鉢伏山付近の石と推定される。この古墳の被葬者は斉明天皇と間人皇女《はしひとのひめみこ》と考えられる。

ヒチンジョ池西古墳（羽曳野市野々上）羽曳野市の野中寺《やちゆうじ》境内に移築されている。石材は加工された凝灰角礫岩で、牡丹洞東方付近の石と推定される。

マルコ山古墳（高市郡明日香村地ノ窪）石槨に開けられた盗掘穴の面にみられる天井石と壁石の観察ができた。軽石や松脂岩の礫がわずかに扁平になった火山礫凝灰岩である。石材の採石地としては鹿谷寺跡付近が推定される。

高松塚古墳（高市郡明日香村平田）石槨材の破片とされる石を観察した。白色の火山礫凝灰岩で、牡丹洞東方付近の石に似ている。

キトラ古墳（高市郡明日香村檜前）写真判定であるため十分な観察とはいえない。また、漆喰が剝がれている部分だけでの観察である。石材は凝灰角礫岩で、牡丹洞付近の石に似ている。

束明神古墳（高市郡高取町佐田）佐田の春日神社境内にあり、神社の境内には凝灰岩が散在していた。凝灰岩の加工石を家形に積み上げためずらしい石槨である。石槨の石は凝灰角礫岩で、牡丹洞付近の石と推定される。この古墳の被葬者を持統三年（六八九）に没した草壁皇子と考えたい。神社の前には「束明神《つかみようじん》」と刻まれた石英安山岩（比曽石）製の石燈籠がある。比曽石は吉野郡大淀町出口にある和田石材店の石切場から採石された石と推定される。出口の谷間に比曽石の石切場跡が現在も残っている。

石のカラト古墳（奈良市山陵町）見学をしたのはもう四半世紀前になるか、丘陵の笹藪のなかにある小道を進んで石槨にたどりつけた。穴に入ると、そこが石槨のなかであった。天井石が観察条件によいため、観察した。石材は黒色の松脂石礫を含む火山礫凝灰岩であった。基質には長石の粒がみられた。このような岩相を示すことから、この石は二上層群中部ドンズルボー層の凝灰岩の可能性がある。その後、発掘調査されたようである。再度、調査の成果等をふまえて、石材の採石地を検討したい。

天武・持統陵（高市郡明日香村野口）古墳の近くから白色凝灰角礫岩の加工石が出土していることから、墳丘に方形に加工された凝灰岩が使われている可能性がある。白色の凝灰角礫岩は牡丹洞東方付近の石に似ていた。また、石室は「阿不幾乃山陵記」によれば、白瑪瑙といわれていることから結晶質石灰岩の可能性がある。

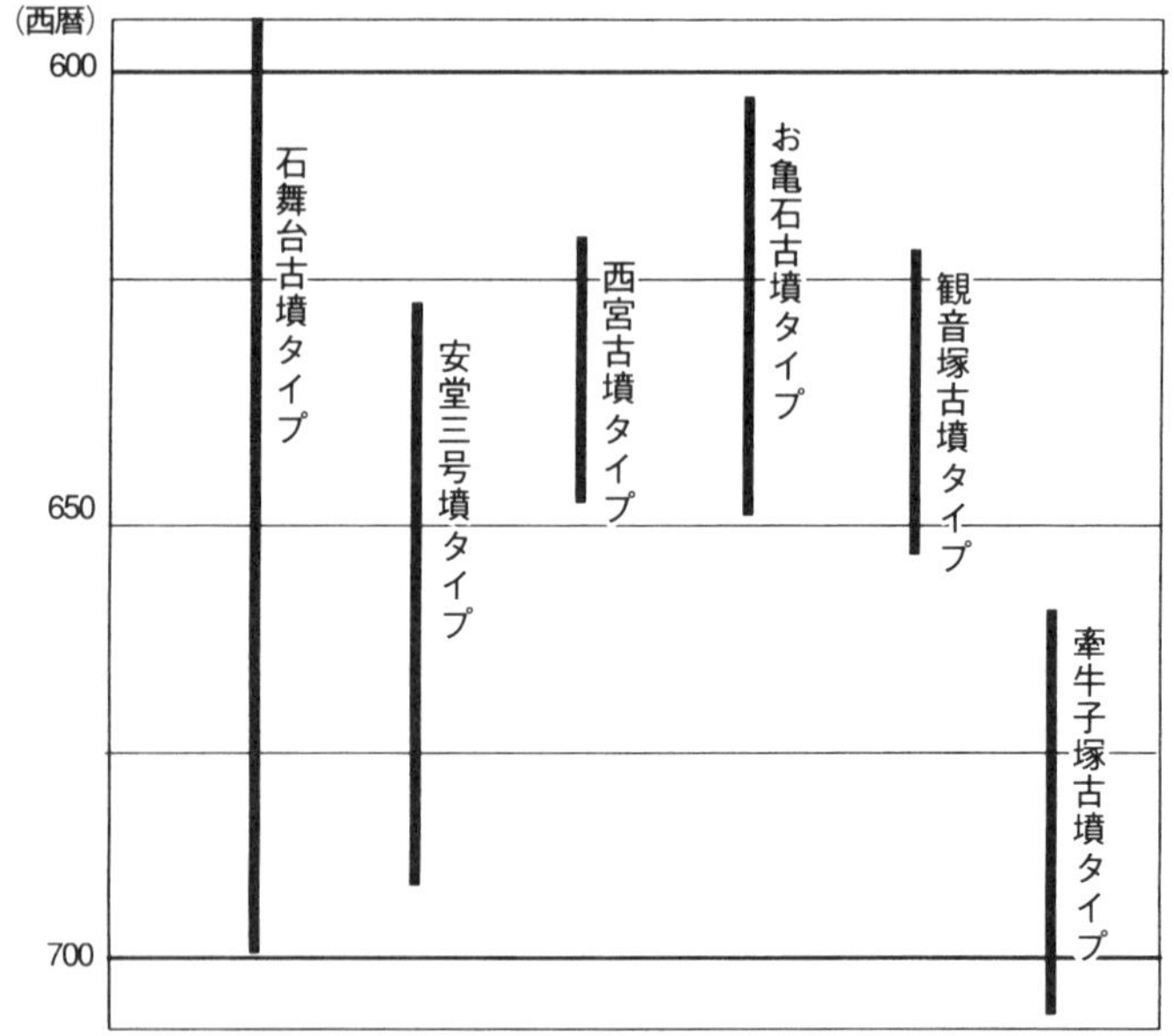

終末期古墳の石室形態と時期

中尾山古墳（高市郡明日香村平田）現在、石室は埋められて、天井石しかみられないが、昭和四十年ごろまでは石槨内に入ることができた。背丈を越すような笹藪に獣《けもの》道がついており、藪をくぐっていくと凹みがあり、四分の一畳ぐらいの入口が開いていた。そこから内にかがんで入ることができた。

壁面は黄土色の火山礫凝灰岩で、伊保山付近の石に似ていた。天井石は片麻状黒雲母花崗岩で、採石地は天理市東南部の龍王山西麓付近と推定される。

マルコ山古墳・高松塚古墳・キトラ古墳・牽牛子塚古墳・東明神古墳・天武持統陵・中尾山古墳は藤原京の墓域とされ

る範囲に位置する古墳や陵墓である。なかでも天武・持統陵は天武天皇と持統天皇の合葬墓に治定され、牽牛子塚古墳は斉明天皇陵、束明神古墳は草壁皇子（岡宮天皇）、中尾山古墳は文武天皇陵と推定される。石材の使用例からみれば、天武・持統陵や中尾山古墳が他の石槨の石材と異なるといえる。

2　王家の谷と鉢伏山

古市で石川をわたり、磯長谷《しながだに》へつづく竹内街道は、古代の重要な道として有名である。この街道は竹内峠の上から飛鳥の地が見わたせる。磯長谷付近は近つ飛鳥ともよばれ、飛鳥川が流れ、飛鳥の地名もある。

磯長谷には飛鳥時代の天皇であった用明天皇、推古天皇、孝徳天皇の陵墓、聖徳太子墓もある。推古天皇・孝徳天皇は大和朝廷の氏姓制度から天皇中心の律令制度に政治の上で改革した天皇である。聖徳太子によって冠位十二階が設けられたとされる時期は、推古天皇の世である。

中大兄皇子等が中心となって、大化二年春正月に律令の基礎となる公地公民の制、班田の制、税制などを制定し、同年三月には官位にあった身分相応の墓を造るような薄葬令まで出している。しかし、天皇は孝徳天皇である。律令制にかかわる制度を設けた天皇の陵墓が磯長谷にあるが、おなじ飛鳥時代の舒明天皇は桜井市忍坂、斉明天皇は明日香村、天智天皇が京都市の山科と、陵墓が他の土地にあ

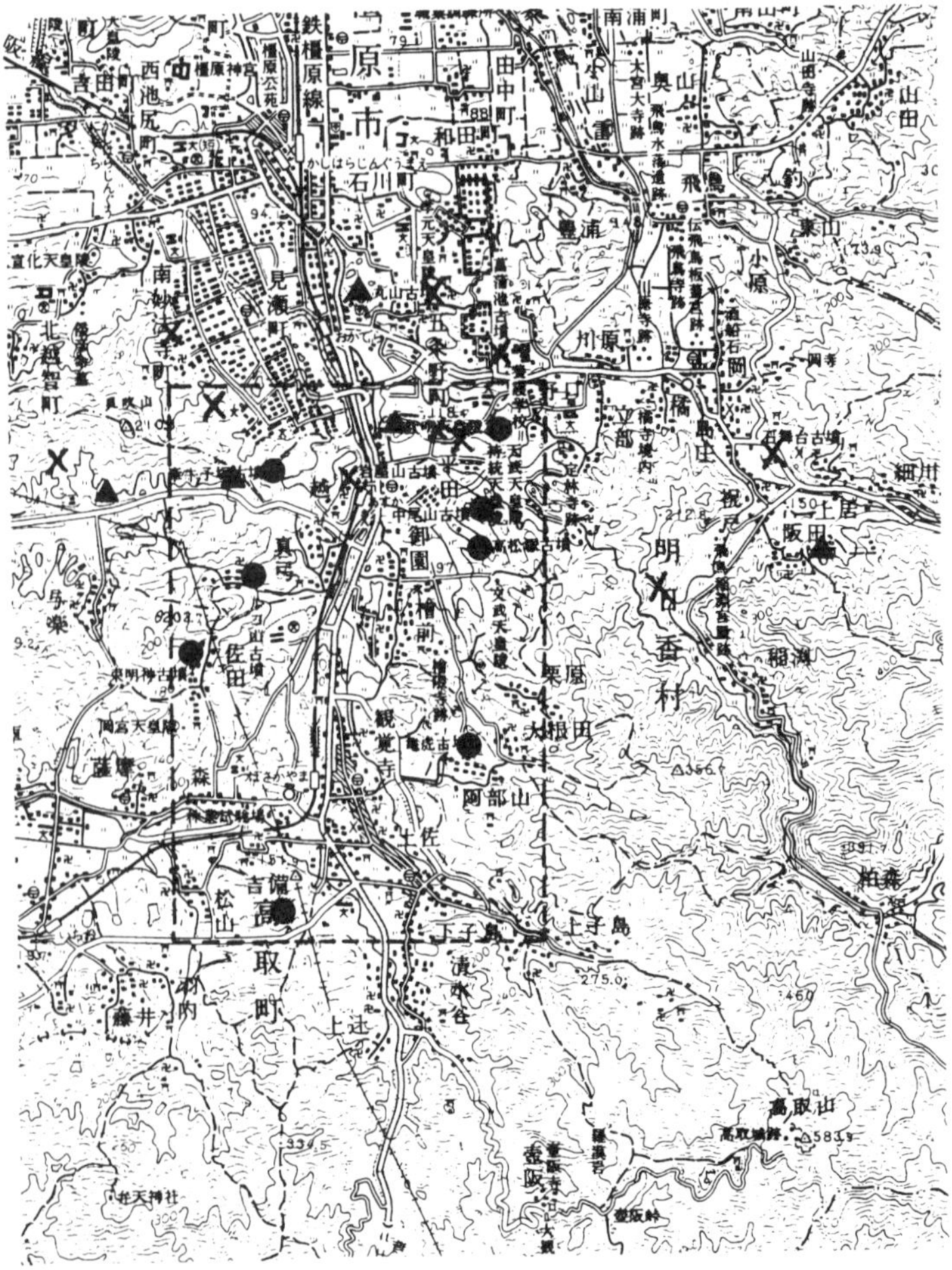

● 牽牛子塚タイプの石槨墳　▲ 後期古墳
× 終末期古墳　□ 藤原京の墓域推定範囲

藤原京の墓域推定地付近の古墳

ることは興味あることである。

改葬されて磯長谷に推古天皇陵があるのだが、初葬の古墳は橿原市五條野町にある植山古墳と推定されている。植山古墳は平成十二年に発掘され、特異な構造の古墳であることが明らかになった。この古墳については後述する。

死者を葬る石材としてはどうなっていたのか。律令制の幕開け前頃について考えたい。

磯長谷の北には鉢伏山がある。この山は北方の寺山とともに石英安山岩からなる。おなじ石英安山岩だが、寺山の石英安山岩と鉢伏山の石英安山岩とは、岩相がちがうので区別ができる。じつはこの鉢伏山の石英安山岩が、冠位十二階とかかわりをもつ可能性があるのだ。

鉢伏山には東斜面から西斜面にかけて、前室がある石槨墳が散在する。また、東斜面には北垣聡一郎氏が「横穴式石室から石槨墳に石室の形態が移行する様子がわかる古墳群」とされているオーコ古墳群がある。南東斜面には観音塚古墳、観音塚上古墳、観音塚南古墳、南に張り出した尾根には鉢伏山南峰古墳、西に張り出した尾根には鉢伏山西峰古墳がある。

これらの古墳には、鉢伏山の石英安山岩が使われている。観音塚上古墳や鉢伏山南峰古墳の奥室は、岩盤を掘削して下部が造られている。また、鉢伏山西峰古墳の奥室の下部も、岩盤を掘削して造られていることが、発掘により明らかとなっている。

古墳の造営地付近の山地に転がる石を使用するのは、当然のこととおもわれるが、死者の棺を置く部分が岩盤となっていることに疑問がのこる。

他の古墳で、鉢伏山の石英安山岩を使っている例をあげてみよう。

牽牛子塚古墳　二石室をくり抜いた石槨を、牡丹洞東方付近の凝灰岩で閉塞し、さらに、鉢伏山付近の石英安山岩でそとから閉塞している。また墳丘の周囲の一部には、方形に加工された石英安山岩がみられる。

お亀石古墳　奥室の刳抜式家形石棺の木口《こぐち》部に穴をあけ、閉じるための石栓に石英安山岩が使われている。また、石栓の加工破片と推定される石が、前室の壁石の間隙《かんげき》を充塡するために使われている。石室の壁石の間隙を充塡するために、石棺材とおなじ結晶片岩片を使っている例に、植山古墳の西側石室がある。

小口山古墳　羽曳野市軽里にあり、閉塞石は羽曳野市古市の民家に運ばれている。牡丹洞東方付近の石と推定される一石の凝灰岩をくり抜いて造られている。閉塞は二つの石でされていたようで、石種が石英安山岩である。民家の人の話では、黒雲母花崗岩も小口山古墳の石であると話されていることから、牽牛子塚古墳のように二重に閉塞されていた可能性もある。

塚廻古墳　奥室と前室とを境するように石英安山岩の板石が立てられている。

以上にあげた古墳で石英安山岩の使用場所が共通していることは、奥室の閉塞のために使われていることである。鉢伏山の石材が古墳に使われるようになるのは石槨墳が出現してからであり、石棺材として使われているのは確認されていない。鉢伏山の石には、この山の東にある牡丹洞付近や牡丹洞東方付近の石のような石棺材から石槨材への使用の流れもみられない。

高松塚古墳等のような閉塞式の石槨墳と鉢伏山の石とを結びつけることができるのが、斉明天皇陵と推定される牽牛子塚古墳であろう。推測の域をでないが、石槨墳を冠位と関係する人の墓とすれば、聖徳太子墓をはじめ用明天皇陵、推古天皇陵と、聖徳太子に関係した人の墓が磯長谷にあり、その北に聳える鉢伏山が冠位十二階に関係した人の墓所であり、閉塞に墓所の石を使うことで冠位に関係した人を結びつけていると、いえるのではないだろうか。

また鉢伏山の石英安山岩は、この時期に冠位とともに新しく使われ、石棺材と同じような性格をもった石とも考えられる。

3　鳥谷口古墳

百済救援のために船出する那《な》の大津《おおつ》（博多）で生まれた大津皇子は、悲運な運命をたどり、二上山に葬られる。伊勢斎宮の任を解かれ、飛鳥に帰還した姉の大伯皇女《おくひめみこ》はこの世の様子を

うつそみの　人にあるわれや　明日よりは　二上山を　弟背《いろせ》とわが見む

と、歌に詠んでいる。現在、大津皇子の墓は二上山の雄岳の頂上にある。ところが、二上山の山麓で土砂の採取地に偶然、異様な石槨墳が見つかった。これが大津皇子の墓ではないかという人が多い。その古墳は當麻寺から二上山に登る途中の池の西側にある鳥谷口《とりたにぐち》古墳である。谷間にあるにもかかわらず、奈良盆地東南部が見渡せる位置にある。

この石槨墳の石材に、刳抜式家形石棺の棺蓋が少なくとも四石使われている。石材はすべて柘榴石黒雲母安山岩である。この石材は、当古墳から二上山の雄岳と雌岳の鞍部に通じている登山道に設けられた水呑み場付近に分布している柘榴石黒雲母安山岩の岩相の一部に似ている。この石室は、内面をくり抜いていない未完成の石棺の蓋を組み合わせていることから、半加工状態の棺蓋が鳥谷口古墳の造営時には放置されていたことになる。石棺は需要に応じて石材を加工し、供給されていたのではなく、石切場にストックがあったことがうかがえる。

鳥谷口古墳が大津皇子の墓であるとすれば、大津皇子は天武十五年（六八六）に死罪となっていることから、制作された石棺の蓋石が四石以上、鳥谷口古墳が造られた時期には放置された状態になっていたことになる。

前述のように、柘榴石黒雲母安山岩あるいは柘榴石黒雲母安山岩の礫を含む凝灰岩の石切場跡は、岩屋峠から雌岳の東斜面にかけて分布しており、これらの石材を使用した石棺は葛城市から大和高田市の一部にかけての範囲に分布する。この範囲は當麻《たいま》氏の勢力範囲と推定され、同氏の石棺の石切場と考えられる。

しかし、鳥谷口古墳が造られる時期には石棺を供給する必要がないために、石棺が石切場跡に放置され、當麻氏の直轄支配を離れていたと考えられる。その石を利用して石槨の一部を製作したといえよう。大津皇子は天武天皇の子であり、母は大田皇女《おおたのひめみこ》で、當麻氏との関係は考えにくい。

南阪奈道路の建設による事前調査で、當麻町竹内から平石《ひらいし》峠に行く道の途中にある三ツ塚遺跡が発掘された。東に張り出した尾根の南斜面に三十を越す大小の石室が出土した。これらの古墳は六世紀から七世紀にわたるもので、大きな石材を使用した横穴式石室もあれば、小さな石を組み合わせた小石室もあった。

七世紀の後半と推定される横穴式石室には、未盗掘の無突起の刳抜式家形石棺があった。この石棺の石材は、岩屋峠から水呑場にかけての付近の石であり、鳥谷口古墳の棺蓋の石材と同質の石である。なぜ、古いタイプの縄掛突起をもつ石棺を放置して、新しいタイプの無突起の石棺が使われたのであろうか。流行のためか、制作された石棺に欠損があるためか、身分が合わないために使用できないなど、さまざまな推測がたてられる。

推測はさておき、岩屋峠付近にあった當麻氏私設の石切場では、加工した石棺を放置して、新しいタイプの石棺を製作している。

4 久米の岩橋

江戸時代の享和元年（一八〇一）に秋里籬島著、丹波桃渓画によって刊行された『河内名所図絵』に「葛城山　細圖」と「葛城岩橋圖」がある。「葛城山　細圖」には石不動、岩橋、胎内くぐり、鉾立岩、鍋釜岩などが描かれ、「葛城岩橋圖」には誇張された岩橋の図と胎内くぐりとが描かれている。

胎内くぐりの巨岩に「葛城二十八宿　胎内くぐり岩」や「奉修葛嶺―天泰平四海静謐如意吉祥祈平成七年四月九日　泉州犬鳴山修験道大本山　七宝滝寺」の木札が貼り付けてある。七宝滝寺は泉佐野市の紀伊葛城山（和泉山脈）の山中にある寺である。現在でも胎内くぐり岩は「葛城二十八宿」とあることから、金峯山信仰の七十五靡《なびき》（七十五行場）のように山岳宗教の二十八の行場の一つになっている。

二上山から岩橋山、葛城山、金剛山にいたる範囲を、古来は葛城山とよんだそうで、現在も金剛山の頂上に葛木神社がある。弓削《ゆげ》道鏡や役小角《えんのおずぬ》もこの葛城山で修行したそうである。久米の岩橋は、胎内くぐり岩から上り詰めた主稜線の左手前にあり、見逃しやすい石である。気をつけて行けば、石が見られない斜面になぜ一石あるのだろうかと疑う。石を上から眺めれば、天に向かって登る階段がつけてあるようにみえる。岩橋付近のことについて、河内名所図絵ではつぎのように記されている。

岩橋　当郡石川郡平石村の上方にあり。平石より阪路を東にとる事十八町にして、葛城の山頂少し東の方にあり。河内、大和の國境は、岩橋より五町ばかり下りて、伏越峠を限る。しかはあれと、いにしえより和歌の名所に大和にあれば、大和名所図絵にも出せり。

此岩橋の形をみれば、巨巌にして、面に岩橋の段ある事四ッ。両端、梢隆うして、欄干に似たり。幅三尺余、長さ八尺許。西南の方、少し欠けたり。形勢、将に南峰におよばんと欲す。実に、人力の至る所にあらず。傳いはく、むかし役優婆塞、葛城の峰より金御嶽へ通い給はんとて、岩橋を架けなんとす。これを諸の神に命じ給う。葛城一言主神、容貌いと醜ければ、昼の役をはばかりて、夜を待ち給ひしより、橋をわたし得給はず、行者いかりて、一言主神を呪縛して、深谷に押込置たまへり云々。

さ月頃　岩橋にのぼりて　いわ橋に　よるばかり出る　蛍かな　湘夕

なほ、このほとりに奇石多し。石不動は岩橋の上五間許にあり。鉾立石は高さ二丈はかり。その形をもって名とす。岩橋より山下四町にあり。鍋釜岩、二ツとも形をもって名とせり。これも岩橋より西の方五町にあり。胎内潜りは、巨巌、左右より頭を傾け、中間うつほにして、人これをくぐるに身を縮めて通る故に名によぶ。大峰にひとしく、そのほか、奇岩多し。地勢勝れて、南に金剛山の嶺近く見え、東は大和の畝傍山、三輪社、纏向の檜原、天香久山など遥かに見えわたり、西の方には、河内の國中、摂陽の村邑、難波江、珍努海、北には、浦の初嶌、芦屋里、鳴尾崎、灘の浦まで鮮やかにして、風色著しく一国の勝景なるべし。

古今　いわ橋の　よるの契りも　絶えぬへし　明くるわびしき　かつらきの神
春宮女蔵人左近

同　かつらきや　くめちに渡す　岩橋の　なかなかにても　帰りぬるかな
読人しらず

拾遺　葛城や　我やはくめの　橋つくり　明行程は　物をこそおむへ
読人しらず

同　いかばかり　若しき物そ　葛城の　くめちの橋の　中のたへまは
読人しらず

続古　かつらきや　渡しもはてぬ　岩橋も　夜の契りは　ありとこそきけ
家隆

続後撰　かつらきや　花吹わたす　春風に　と絶もみへぬ　くめの岩橋
西園寺入道前太政大臣

新千　かつらきの　神ならぬとも　天の河　明くるわびしき　かささきのはし　後嵯峨院

平安時代の初めころにできた古今和歌集に「岩橋」を歌枕に詠まれていることからすれば、歌会の世界ではよく知られていたといえる。また、岩橋の話には夜しか現れない葛城一言主の神と役の優婆塞（役小角）が出てくる。役小角が金峯山で始めて修行したのが、斉明元年（六五五）といわれている。岩橋は葛城山から金峯山まで架ける計画の橋の一部であるとされることから、久米の岩橋の話は斉明朝以降の話であろう。久米の岩橋の形状についての説明は河内名所図絵そのものであるから省略するが、図は誇張されている。伝承から平安時代には存在しており、知れわたっていたことから、かなり以前から存在していたのであろう。

また、平安時代の初めに奈良右京の薬師寺の僧、景戒によって集成された『日本国現報善悪霊異記』の上巻の第二十八「孔雀王呪経の呪法を修め、不思議な力を得、現世で仙人となり、空を飛んだ話」にも橋の話が出てくる。

（前略）よわい三十有余で、さらに岩窟に住み、葛の衣を着て、松の葉を喰い、清い泉を身にあび、人間界のけがれをすすぎ、孔雀王呪経の呪法を修め、不思議な術をさとった。鬼神を駆使することは自由自在で、多くの鬼神を駆り立てて、

「大和国の金峯山と葛木山との間にひとつの橋をかけよ」

といった。そこで神々はみな困りはて、文武天皇の御世に、葛木山の一言主の大神が人にのりうつって讒言《ざんげん》して、

「役優婆塞は天皇を滅ぼそうとしている」

といった。天皇は命じて、使いをつかわし、優婆塞を捕らえさせたが、なお不思議な力で簡単にはつかまらなかったので、優婆塞の母をつかまえた。優婆塞は母を許してもらうために、出てきてつかまえられた。すぐに伊豆の島に流された。（後略）

この説話では、橋をかけさせる時期が藤原京が栄えていた文武天皇の御世であるとされている。久

米の岩橋は文武天皇のころには伝承となり、存在していたことがわかる。

久米の岩橋は、形から石槨の加工途中の石と考えられる。完成品としては橿原考古学研究所附属博物館の庭に置かれている御坊山三号墳の石槨の蓋になる石や、少し大きいが明日香村にある鬼の雪隠《せっちん》を参考にしてもらえればとおもう。大阪の近つ飛鳥博物館課長の山本彰氏は寸法的には奈良県生駒郡三郷町のボージ一号墳にきわめて近似するとしている。

上からみれば、平坦に加工された石に方形の窪みを掘りかけたことがわかる。左右の手すりとされている部分は手前の下の方にもまわっており、内部が階段のようにみえるのは、格子状に溝を作り、出ている部分をはがし取っていく、石材加工の作業行程の途中の状況である。

このような石材の加工工程は、橿原市南妙法寺の山中にある益田岩船の下半分に残っている。石の加工面が斜めになっているために、階段のようにみえたのであろう。石材は片麻状黒雲母花崗岩である。この付近には露岩がみられないことから、南方のどこからか運んできた石だろう。西側や北側に分布する石には角閃石が含まれることから岩相的に異なる。

岩橋の上方には石不動があり、北側が擂鉢状に窪んでいる地形である。この窪みは墳丘の造成途中のものではないだろうか。石不動には銘が見られないが、河内名所図絵には載っており、この刊行が享和元（一八〇一）辛酉冬十一月であることから、江戸時代の中ごろには存在したのであろう。石材は黒雲母花崗岩で、神戸市東灘区御影付近の黒雲母花崗岩（御影石）に似ている。

5　佐保の石漕

石漕《せきそう》とは石風呂のことである。石で浴槽を作り、湯を流し込んで湯船にしたようで、五右衛門風呂のように釜の下から火を燃やして水を温めるものでない。現代のように毎日入るものでもなければ、各家々に備え付けられたものでもない。寺等に備えつけられ、村人が厄除けや病気祈願のために集団で利用したようである。

石風呂があることから「岩船寺」と寺名になった寺もある。京都府木津川市の東尾の里には、山門前に寺名の由来となる岩船（石風呂）がある。岩船寺の名称が生まれた時期ははっきりしない。石材は弱片麻状斑状黒雲母花崗岩で、木津川市加茂町岩船から山城町椿井にかけて分布する片麻状斑状黒雲母花崗岩の岩相の一部に似ている。

岩船寺の境内には鎌倉時代の五輪塔や正和三年（一三一四）製の十三重石層塔がある。これらの石も、岩船と同質の弱片麻状斑状黒雲母花崗岩である。

石風呂は四天王寺の境内にもみられる。集中してみられる地域として、滋賀県栗東市付近や大津市北部付近、大阪府茨木市の北部付近がある。

茨木市の北部には安威川や佐保川が南に流れている。安威川の流域には大岩の地名があり、佐保川の流域には佐保の地名がある。佐保から大岩にかけての付近には、岩石学者や地質学者の間で、茨木花崗岩、あるいは茨木花崗岩体とよんでいる深成岩の岩体が丹波層群の砂岩や泥岩層中に貫入したように分布している。貫入岩体の熱のために、岩体周囲の砂岩や泥岩は熱変成して、ホルンフェルスとなっている。

茨木花崗岩は花崗岩とよんでいるが、その石種は石英・長石・黒雲母・角閃石がかみ合った花崗閃緑岩、長石・黒雲母・角閃石がかみ合った閃緑岩である。おなじように岩体の固有名と石種名とが異なる例に、香川県の志度半島を中心に分布している志度花崗岩がある。これは片麻状黒雲母花崗岩で、変成岩に属する石である。岩体名と石種名の使われ方には注意が必要である。

佐保の竹藪のなかに、石槽の作りかけの石といわれる加工途中の大きな石がある。石材は花崗閃緑岩で、付近に散在する石と同質の石である。石の上面は平坦に加工され、方形の窪みがある。窪みの底には格子状に方形の窪みが作られている。石を削り込む方法である。おなじような加工途中の石が茨木市大岩の田の縁にもみられる。大岩の石は閃緑岩である。問題となるのは山本彰氏が指摘しているように、この二つの石は石槽となる部分の寸法が他の石槽の寸法よりも非常に大きいことである。

大東市の山中に「石宝殿《いしのほうでん》」がある。石槨墳であるという人もいれば、古墳でないという人もいる。石造物は飛鳥にある鬼の爼《まないた》・雪隠とおなじ形をしている。だから、土を盛りつければ古墳となる。しかし、周囲の発掘調査ではこの周囲に石が敷きつめられている。敷きつめた石の端が八角形になるように角の石が少し高く並べられている。

古墳であれば、土を盛り、上に葺石を並べ、外から見れば何角形かになるように外面を揃えて基底石が並べられている。

石宝殿の場合、土をもる部分に石が敷かれてあり、周囲の部分の石の並べ方も古墳の石の並べ方とは逆である。何に使われたかはわからないが、石槨の形をしている。石材は閃緑岩で、大岩付近の閃緑岩の岩相の一部に似ている。また、大岩の田の縁にある石漕の岩相とも似ている。

佐保や大岩にある石漕とよばれている未完成の製品は、石宝殿を参考にすれば、石槨の未製品と推定される。

6　薄葬令を無視した古墳

大化二年（六四六）春三月に出された薄葬令について、無視して古墳が造り続けられたとする考えと、令が遵守されたとする考え方がある。私は、両方の意見が半分ずつ正しい、と結論づけたい。

政治の中で法律をきめても、従うものと法律に不満をもって従わない者がいるのが、どの時代にもいて当然とおもえる。自己の欲がなくなれば、また、状況は変わるであろう。令が出されてもどの地域までおよんでいたのか、また、どの階層にまでおよんでいたのかわからない。詔が出され、新しい冠位が出されても、安部左大臣などは古来の風習に固執してか、旧制度の服装で内裏に出かけていたとある。

財力・権力があれば、大きな墓が造れる。しかし、朝廷が決めた身分である冠位によって造墓についてを規定しているのが薄葬令である。財力や権力があってもこれ以上のものを造ってはいけない。逆に、財力がない者は、かならず規定のようなものを造らなければならないというものでもなかったであろう。路傍に立てられている道路標識の速度制限のようなものである。制限速度が五十キロであれば、四十キロで走っても、三十キロで走ってもよいのである。

薄葬令は、墓の規模、造営の日数、労働力で規制している。表に示したが、この解釈についてはさまざまな意見がある。左大臣や右大臣のような上臣では、役夫の人数が五百人で、力役の日数が五日となっている。この役夫の人数と力役の日数についての解釈として

A　一日に五百人以内の人が働き、五日以内で墓を造る。この場合は五日間で墓を造ることになる。

B　働く人は五百人以内で、同じ人を五日以上働かせてはいけない。同じ人の労働日数を規制しているだけで、造墓の日数は六日以上になってもよい。

などが考えられる。石槨墳で労力を要するのは、石材の運搬と石材の加工で、そのつぎに墳丘の築造となる。石材の運搬は人数を必要とするだけだが、石材の加工には日数が必要である。

発掘調査され、概要がかなりはっきりしている羽曳野市駒ヶ谷にある鉢伏山西峰古墳を例にしてみ

よう。

鉢伏山西峰古墳　前室がある石槨墳で、鉢伏山一帯に分布する石英安山岩が使われ、前室の床には牡丹洞東方付近に分布する火山礫凝灰岩の加工石が敷きつめられていた。奥室の下半部は岩盤をくり抜いて造られている。

　この石槨墳で最大の石材が奥室の下半分であり、露岩をくり抜けば運搬に要する労力も少なくなる。奥室の加工時にできた加工破片は、墳丘の下層部に埋め込まれていた。

　露岩を加工して奥室の内部を造るとき、石工の人数を増やせば早くできるとはいえない。奥室の内

大化の薄葬令による墳墓の規制表

	王以上	上臣	下臣	大仁・小仁	大礼~小智	庶民
葬具	轜車 帷帳等は白布	擔而行之 同上	同上	同上	同上	(一日莫停) 帷帳等は麁布
力役の日数	七日	五日	三日	一日	一日	
役夫の人数	千人	五百人	二百五十人	百人	五十人	
外部施設	高 五尋 方 九尋	高 三尋 方 七尋	高 二尋半 方 五尋	不封使平	大仁に準ず	収埋於地
内部施設	濶 五尺 長 九尺	上に準ず	上に準ず	高 濶各四尺 長 九尺	大仁に準ず	

部を削るために作業する人数は場所的に数人となり、日数がかかる作業となる。墳丘の版築層内には加工破片がみられなかったことから、石材の加工が終わってから、墳丘の築造に移っていると推定される。

石の加工破片が人頭大ぐらいの大きさのものもあったことから、かなり大きな割り方をしていたと推定され、加工に要する日数も少なかったものと考えられる。

しかし、石槨の加工量から判断すれば、五日間ぐらいの日数で加工できるものでない。前室の天井石は無いが、鉢伏山の東南斜面に位置する観音塚古墳のような天井石が置かれていたとするならば、五百人の人数では十分に運べるはずである。薄葬令のBの解釈にたてば、造れる古墳となる。

では、牽牛子塚古墳、マルコ山古墳や高松塚古墳、鬼の雪隠・俎古墳ではどうだろう。

牽牛子塚古墳　石槨の凝灰岩は、三十から五十トンと推定され、七百五十人から千二百人ぐらいの人数で運べる石である。藤井寺市の三ツ塚古墳から出土した修羅《しゅら》（運搬用の木そり）で運べる重量は、三十から五十トンと実験の結果から出されている。牽牛子塚古墳の石は牡丹洞付近から、太子町山田、穴虫峠、香芝市、大和高田市、高取川沿いをとおって運ばれたのであろうか。

高野山の奥之院につうじる参道脇に五輪塔が林立する。大きな五輪塔を山下から担ぎあげるのに二日を要している記録がある。修羅引きの速度については不明だが、牡丹洞付近から明日香村越まで石槨材を運ぶのに三日や四日は要しているであろう。石槨材の運搬だけでも人数的に上臣の規定範囲では造れない古墳である。王以上の規定でも造れない古墳といえる。

マルコ山古墳や高松塚古墳　石槨は石材を組み合わせて造られている。一個の石材を二トンとすれば、五十人ぐらいで運ぶことができる。十個から十二個の石材からなっていることから、六百人の労働力で、採石場から飛鳥まで二日ぐらいで運べることになる。

石材の切り出しに二日、加工に二日、運搬に二日、組み立てに一日とすれば、石槨部を造るのに七日でできることになる。その後、墳丘に土を盛り、葺石を葺くから、石材の切り出しから墳丘の完成まで七日間以上が必要で、五日で完成するわけがない。しかし、薄葬令の王以上の規定で、Bの解釈にたてば造れる古墳となる。

鬼の雪隠・俎古墳　石材は石英閃緑岩で、加工に時間と労力がかかる石である。加工した石材を運搬したとしても、二十トンから四十トンぐらいと推定され、七百五十人から千人ぐらいの人が必要になる。

石材の加工にも長時間を要し、ぼう大な労力が必要であっただろう。石材の運搬だけでも薄葬令の王以上の規定となる。

花崗岩や閃緑岩を加工した石槨で前室をもつ古墳は、大和・河内に多くみられる。このような古墳は、薄葬令によって造ることができない古墳といえよう。しかし、薄葬令以前に造られた古墳かもしれない。

前述のように久米の岩橋や佐保の石漕のような加工途中のものがある。久米の岩橋や佐保の石漕は、加工を中断せざるをえない状況が生じたために放置されたと推定され、原因は大化二年に出された薄葬令ではないだろうか。このときから、多大の労力を必要とする花崗岩類を加工した石室を造ることができなくなるのだろう。

新制度に反対した安部左大臣の本貫《ほんがん》の地である桜井市阿部付近の古墳では、どのようになっているだろうか。阿部から米川をさかのぼったところに、高家《たいえ》の集落がある。この付近で耕地整理のための事前発掘調査がおこなわれた。谷をはさんで三十基以上の横穴式石室の古墳が出土した。石室内には藤原京時代の須恵器を埋葬されている古墳があり、藤原時代に造られた古墳である。

この位置は藤原京からは尾根のために見えないが、阿部からは米川を南に登ったところにあり、安部氏一族の墓と推定される。

この古墳は薄葬令が出されて四半世紀以上たっているのにもかかわらず、横穴式石室の古墳である。一部の氏族では薄葬令を知りつつも、無視して、古墳を造りつづけていたといえる。これは中央政権近くのことであり、地方にいけば薄葬令を守らないことが当然のことであったであろう。

文殊院の境内にある安部文殊院西古墳は、切石積みの石室である。石材は加工されているが、羨道部の入口部の石は現在取り除かれているが、横穴式石室とおなじように閉塞するようになっており、後期古墳からつづく横穴式石室である。この古墳も薄葬令を無視して造られた古墳であろうか。

6章　石が語る豪族の権力

古墳は石材の集積地である。人家に近い場所で古墳の石室がそのまま残っている例は少ない。また、石材がない地域では石室材が割られたり、運ばれたりして、石室の下部だけが残っていることもある。人頭大の石ならば一人で運べる。しかし、巨大な石は一人で運べない。古代において巨石を使用した横穴式石室の石材の運搬、石組み、石集めはどのようだったのか。

1　石の運搬

古代において巨石を運ぶには、ものに乗せて引くか、かつぐかしか方法がない。引いていくことが出来ないところでは、かついでいくしか方法はない。

河内県庁跡がある八尾には河内音頭が伝わっている。毎年盆踊りが行われている初日山常光寺の住職沙門英逸氏が、つぎのように、清酒「河内音頭」の箱にその由来を記されている。

「さては此の場の皆さまヨーホエホエ　アアヤレコラセードッコイセー

申し上げます段の儀は　サーヤレトコサエコラヨイヤサノセー
河内平野のド真中その八尾で、最も古い音頭の傳わるは、
日本三大地蔵尊を祀る名利常光寺で、今を去ること約六百余年前
伽藍再建の砌、足利義満勧進の材木運搬による音頭と、それに呼応する掛声が地蔵盆踊りの囃
子となり、后日河内音頭の呼称となる。……」

音頭は調子を合わせることに意義があり、力を合わせるための掛声にもなる。ものを引くときの瞬発力をだすための合図ともいえよう。材木の運搬が修羅引きの下にコロを入れて引かれたのか、そのまま引く地引きで行われたのかは不明だが、室町時代には音頭をとって運んだことがうかがえる。

河内音頭はさておき、古代の重量運搬道具に修羅《しゅら》がある。藤井寺市三ツ塚古墳の周濠から修羅が二基出土している。長さが十二メートルぐらいの大きな修羅と四メートルぐらいの小さな修羅である。大きな修羅で運べる重量と牽引の人数についての牽引実験が石川の川原で、復元されたアカガシ製の修羅でおこなわれた。実験時に荷物として使われた十七トンの石は、橿原考古学研究所附属博物館の庭で観察できる。この石は斑糲岩《はんれいがん》で、表面が凸凹している。生駒山西麓に分布する「生駒石《いこまいし》」とよばれている石である。

八尾市の服部川から郡川にかけては、造園業の盛んな地である。造園業者の話では「生駒石は値段が高くて高くて仕事になりません。生駒の山に行っても取れません」とのことだ。

奈良市東部の山中にある神野山《こうのさん》でも斑糲岩が採石できたようだが、現在は禁止されている。神野山には「鍋倉渓《なべくら》」とよばれる天然記念物に指定された斑糲岩が集積した谷がある。表面の様子は生駒石とそっくりである。肉眼では生駒山の斑糲岩と神野山の斑糲岩とは区別できないが、薄片にして岩石顕微鏡でみれば、チタン鉄鉱の量比で区別はできよう。戦時中に鍋倉渓の下流で特殊合金に必要なチタンを含む砂鉄（チタン鉄鉱）を採掘したそうである。

修羅の話にもどろう。石材を乗せてそのまま引く地引きでは、一人の牽引力が四十キログラムほどのようである。修羅の下に「ころ」のようなものを入れれば非常に人数が少なくてすむようであった。大和川の川原のような平坦地であれば、下にものを入れて牽引力を少なくできる。しかし古墳造営地のような斜面地で石材を運ぶため、「ころ」などを使えば非常に危険である。祇園祭のとき、交差点で車を直角に回すのに車輪が滑るように滑り材の竹等が敷かれているが、下りの斜面地でこのようなことを修羅ですれば、修羅を引いている人が危険である。また、修羅は前方に引くことだけであって、急な角度は曲がれない。長い運搬機械や道具が急な角度を曲がれない例は現在でもみられる。

柏原市の高尾山に登って行く自動車道を「関電道路」と付近の人がよんでいる。尾根には関西電力の変電所があり、その変電所に資材を運ぶために造られた道路のためである。生駒山地西側の急な斜面に道路がつけられているため、数か所にへヤーピンカーブがある。

このカーブのところに、乗用車がまわるにはまったく関係ない道がカーブの端から三十メートルほど延びている。十トン車ぐらいではカーブを曲がれるが、変圧器のような百トン程もする荷物を運ぶ車では、車が長いためカーブを曲がりきれない。そのためにカーブのところに引き込みの道をつけ、車の前後を逆にして進めるようにしている。

高野山の五輪塔の断面模式図

自動車なら、前にも後ろにも進められるが、修羅はできない。おなじような道は、高野山の町石道の大門下にある大門坂でもみられたようであるが、最近行くと跡形も無くなっていた。

高野山の奥之院の参道には、たくさんの巨大な五輪塔が運びこまれている。五輪塔の地輪を運んでいる様子と推定される図が紀伊国名所図絵にみられ、「七十二人持の石」と記されている。重量とかつぐ人数についてみよう。

平成十年九月の台風七号により、高野山にある五輪塔にも多大の被害があり、五輪塔の倒壊現場を偶然みることができた。五輪塔の一番上にある空風輪はなかが詰まっていたが、火輪や水輪、地輪、台座の内部は空洞である。地輪では幅が九十センチもあるのに、厚みが六センチである。これでは重量が半分くらいになるとおもえた。

紀伊国名所図絵では、方形の石材の中央に円い穴があけられ、丸太が通されている。丸太を通すには穴が太くて、心棒の丸太のまわりに詰め木の丸太が取り巻いている。方形の石を地輪とすれば、火輪をのせることができるように内部を削れるだけ削っているために、丸太より穴が大きくなっているのである。

図では七十二人で運ばれており、前後六列ずつの人の幅に石の前後の幅を入れれば心棒の丸太の必要な長さとなる。仮に丸太の長さを十メートルとしても緩やかなカーブであればまわれるが、大門坂ではジグザグ道のため曲がることができない。ジグザグ道の角に延長した道をつくって、かつぐ人が方向を変えれば曲がったのとおなじになる。現在も江戸時代もおなじようなことを考えているのである。

紀伊国名所図絵の石材運搬図

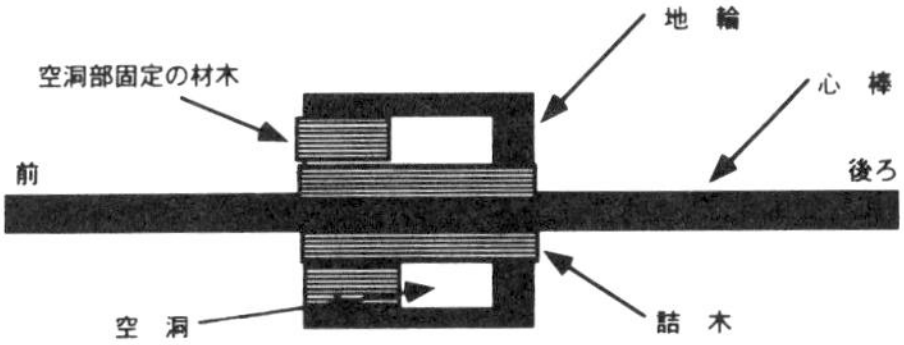

紀伊国名所図絵の石材運搬図の解説図（断面）

登山家の話によれば、荷物をかついで歩きまわれるのは四十キロが限度であるとのことである。一人の肩にかかる重量を四十キロとして七十二人では、単純に計算すれば約三トンの石が運べることになる。

加賀家前田利長の五輪塔の地輪はなかが空洞で、空洞の割合が倒壊の五輪塔とおなじとすれば、重量が三トン弱となり、名所図絵のような方法で運べることになる。諏訪家の五輪塔の石材を運搬するのに山下の九度山から奥之院まで二日間で運んでいる。また、小さな石材であれば一日でかつぎ上げていたようである。

八百トンと推定される益田岩船の石を、麓から現在の尾根まで運び上げたと言っている人もいるが、現地の石と私にはおもえる。古墳の石室に積まれている石は他地から現地へ運ばれ、積み上げられた石である。欽明天皇陵と推定されている陵墓参考地の見瀬丸山古墳の石室の奥壁には巨大な石が使われ、百トンを越すともいわれている。また、飛鳥の石舞台古墳の天井石は六十トンとも七十トンともいわれている。現在でも百トンの石を運ぶことができるトラックはごくまれにしかないだろう。

藤井寺市三ツ塚出土の修羅は、同形で同材の復元修羅実験から五十トンぐらいのものを運ぶことができるようである。見瀬丸山古墳や石舞台古墳の石は、三ツ塚古墳出土の修羅では運べないことになる。修羅引きの実験結果では、一人が出せる牽引力が四十キロほどである。単純計算によれば、六十トンの石を運ぶのに千五百人、百トンの石であれば二千五百人が必要となる。

これだけの人数をまとめて、一つの力にし、目的地に石を運べるようにするのだから、牽引力のみならず目的どおりに仕事を進める人も必要になり、人数はさらに増加するであろう。八百トンであれば、二万人の人数となる。人数はさておき、この重量に耐える材木があるだろうか。

竪穴式石室の古墳を造営するばあい、墳丘の築造は、極端にいえば土削りや土盛りであるため、一人でも時間をかければできる。しかし、巨石を使った石室を造るとなれば、使われている石の大きさによって、必要とされる人数が決まってくる。六十トンの石を使うとすれば、五百人ぐらいでは動かせない。千五百人は必要である。石舞台古墳は石材の運搬だけでも千五百人以上の人がいなければ造れない古墳と考えられる。横穴式石室の古墳の造営では、石材の運搬に造営必要最低人数が現れているといえよう。

2　石組み

八尾市神立の西に張り出した尾根上に、南に開口する愛宕塚古墳がある。巨石が積み上げられた横穴式石室の古墳である。この古墳は石舞台古墳のような玄室をもつが、築造が六世紀の第４四半期頃であることから、愛宕塚式石室と形式的な区分が米田敏幸氏によりされている。

石室の形式的な分類はさておき、この石室はどのように構築されただろうか。労働者数と石の運搬の関係については前述したように労働者数以上の仕事はできない。愛宕塚古墳のばあい、石を東の山地から採石したと推定され、傾斜地を引き下ろしてくる作業となるために労働者数は若干少なくてすむだろう。

大きな石室を造っても、それにみあう天井石を運ぶことができなければ、石室は完成しない。また、床面を広くしようとすれば、天井石を大きくするか、持ち送りを大きくするか、石室の壁を高くするかである。天井石の大きさにより石室の大きさが決められるといってよいだろう。

石室を構築する技術者は、石室の大きさを造営者からいわれれば、つぎのような順序で造ったのではないだろうか。

一　玄室と羨道の大きさが首長から示される。

二　一番大きな石となる天井石の大きさとその個数の関係を使用できる労働者数から考える。

三　石材の採石地に天井石になる石があるかを検討する。

四　必要な石があれば、つぎに石室の一段目になる石を捜す。

五　石を引き出す順序を決める。

六　一段目の石を並べ、二段目の石を捜し、運んで並べる。

七　このような作業をくり返し、天井石が乗るようにし、天井石を運び、石室を完成させる。

こうした作業行程で石室を造ったと推定される。

愛宕塚古墳の石室材の石種とみかけの長径

石種	長径（cm）	1-50	51-100	101-150	151-200	201-250	251-300	301-	合計
東壁	角閃石閃緑岩	5	4	4	3	2	1	2	21
	弱片麻状黒雲母花崗岩A	4	1	1					6
	弱片麻状黒雲母花崗岩B	2			1				3
	片麻状黒雲母花崗岩	4	3	1		2	1		11
	小計	15	8	6	4	4	2	2	41
西壁	角閃石閃緑岩	10	4	1	2	4	3		24
	弱片麻状黒雲母花崗岩A	4	3	1					8
	弱片麻状黒雲母花崗岩B	3	1						4
	小計	17	12	2	2	9	3		45
奥壁	角閃石閃緑岩		1						1
	弱片麻状黒雲母花崗岩A		1						1
	弱片麻状黒雲母花崗岩B						2		2
	小計		2				2		4
天井石	角閃石閃緑岩							3	3
	片麻状黒雲母花崗岩							3	3
	小計							6	6
合計		32	22	8	6	13	7	8	96

3　石室の石

愛宕塚古墳の石室を例として、石室に使われている石の種類、石の採石推定地、石組みについて考えてみよう。

古墳は文化財であるため、石を肉眼でみるしか観察方法はない。石室の中は暗いために、懐中電灯のような照明道具で明かりを採らなければならない。また、付着物がない部分をさがして観察するしかない。観察条件は悪い。愛宕塚古墳で観察した石の種類は角閃石閃緑岩、弱片麻状黒雲母花崗岩A、同B、片麻状黒雲母花崗岩である。石室に使われている石の種類とみかけの長径は表で示したとおりであり、石の種類と使われている個所の関係は図のようになる。

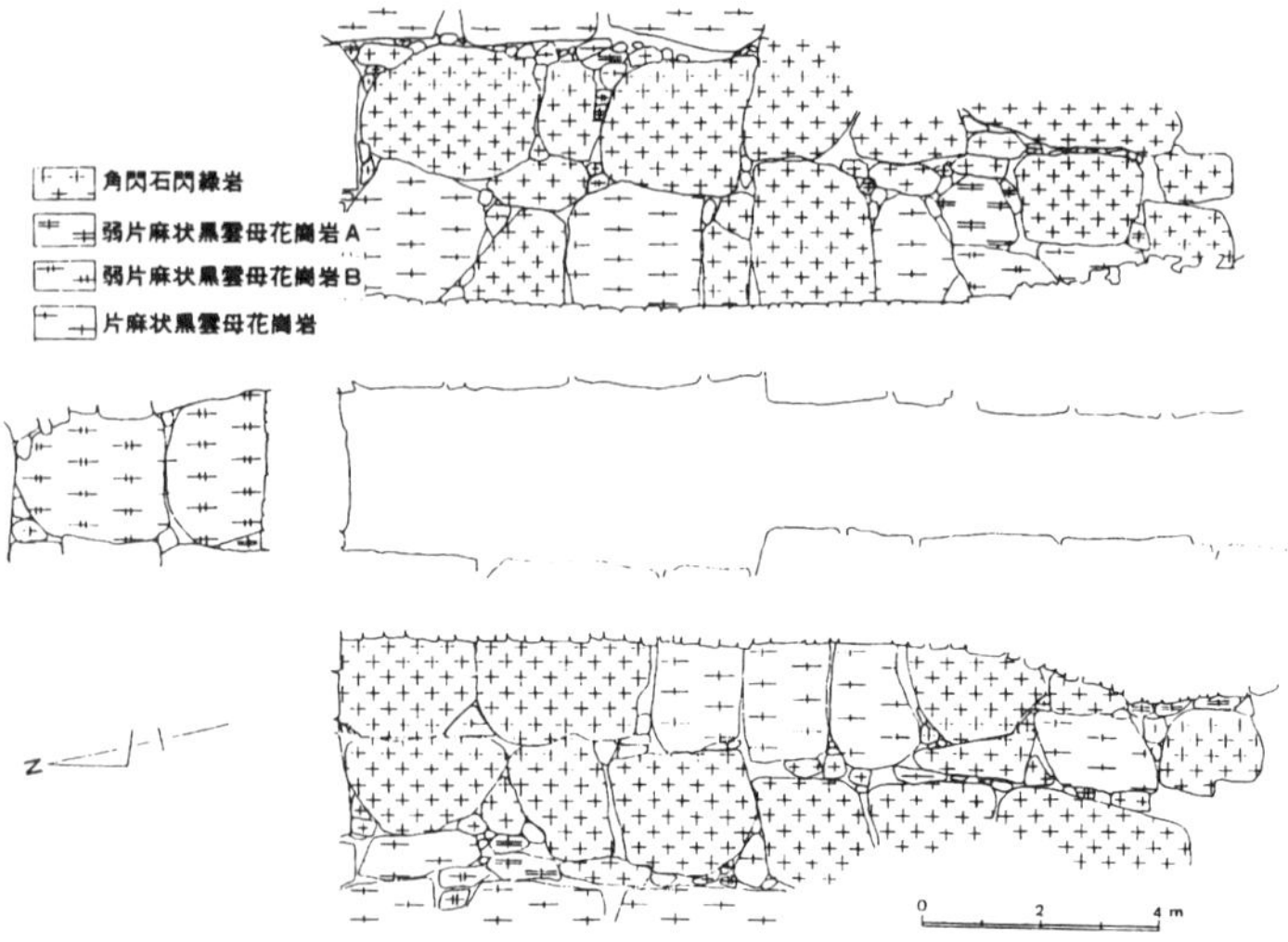

愛宕山古墳の石室材の石種

4　石材の採石地

愛宕塚古墳は大阪府と奈良県を境している生駒山地西麓の高位段丘上に築造されており、東方の山地に行かなければ石材を採石できない。

東の山地である生駒山地には領家式花崗岩類の岩石が分布している。一種類の岩石の分布範囲があまり広くないため、谷によって石の種類がちがうことが多い。

生駒山から高安山までの岩石分布をみると、生駒山頂から南方の暗峠《くらがりとうげ》にかけては斑糲岩が分布し、暗峠から十三《じゅうさん》峠をへて立石《たていし》峠にかけては、弱片麻状黒雲母花崗岩が分布する。山畑《やまたけ》から平群町久安寺にかけては角閃石閃緑岩、高安山の西斜面には片麻状黒雲母花崗岩、山畑から黒谷にかけて

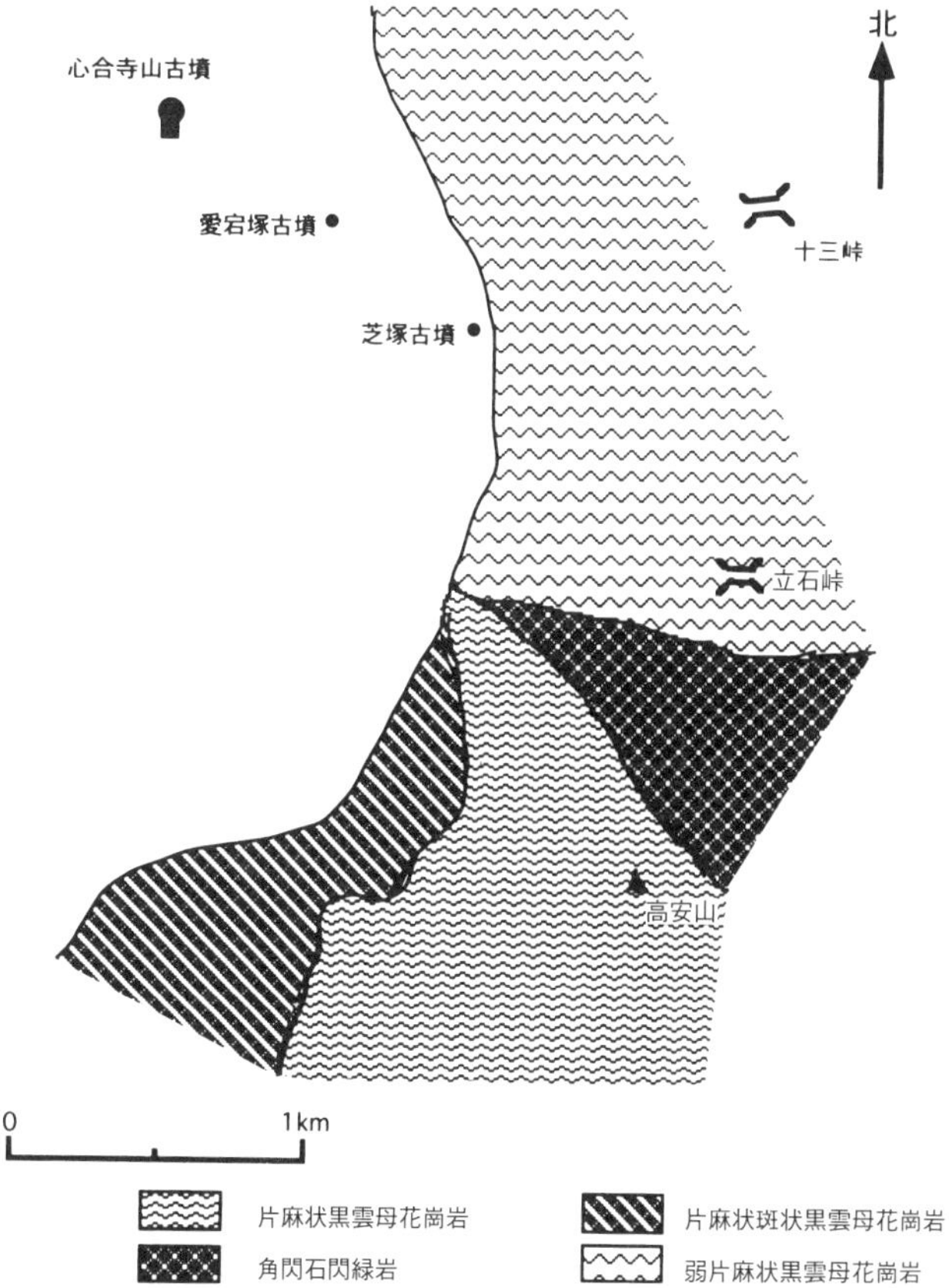

愛宕塚古墳付近の岩石分布図

の山麓には、斑状をなす片麻状黒雲母花崗岩が分布している。

このように分布する石と石室に使われている石を比較すれば、石の採取地が推定できる。石室に使われている石は加工石ではなく、谷川に転がっているような石である。石室材の弱片麻状黒雲母花崗岩は、愛宕塚古墳の東の山地に分布する弱片麻状黒雲母花崗岩に、角閃石閃緑岩は山畑の東に分布する角閃石閃緑岩に、片麻状黒雲母花崗岩は高安山の西斜面に分布する片麻状黒雲母花崗岩に岩相的に似ている。こうしたことから、石室材の採石がこの古墳の東から南南東にかけての谷で行われたと推定される。

石を運ぶとき、修羅道がつけられたと考えられ、採石地がおなじ場所やおなじ方向であれば、方々に修羅道を造らなくてもよく、修羅道を造る労力が少なくてすむといえる。

5　石室の石組みの順序

愛宕塚古墳の石室に使われている石の嚙みあい具合から、石室の石の並べる順序、つまり石積みの順序を検討しよう。羨道の入口付近は、閉塞石などが残っているために観察できないので、羨道部の途中からの一段目の石の観察となる。

両袖式の石室では、玄室と羨道を境する袖石と袖石の上に積まれた見上げ石が基本になることが多

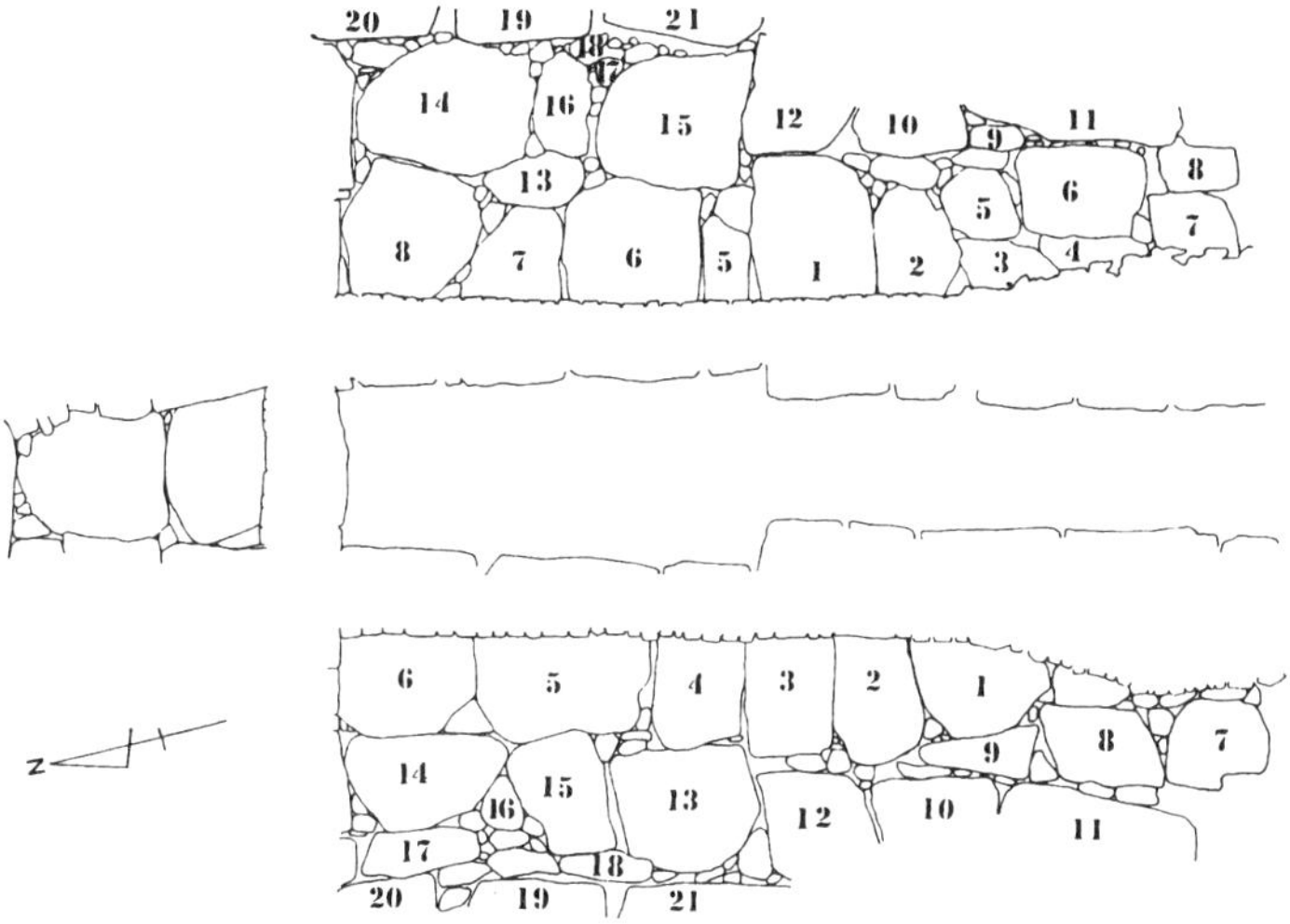

愛宕塚古墳の石室の石積み順序

い。袖石を基準にすれば、西側の壁石の一段目は、図のように羨道部から石が順序よく玄室の奥まで並べられている。

　これにくらべて、東側では西側の袖石（3）に合うように東側の袖石（1）を置き、入口に向かって、順次、石が並べられている。玄室側では奥行きが合うように石の大きさを考慮して四石が並べられている。西側に合うように東側の石が並べられていることから、東側があとに並べられたといえる。また西側の壁石が先に並べられていることは、石を引いてきた方向が東南からであることも納得できる。並べた石の上を越えて石材を運ぶことは困難である。

　つぎは二段目の石組みとなる。羨道と玄室の境をなす天井石である見上げ石と玄室の壁石との関係をみれば、見上げ石に玄室の石が乗りかかっていることから見上げ石を先に置いたといえる。羨道の天井石は図のように（10）を置き、入口の（11）か見上げ石を置いている。この順序からすれば、羨道の壁が完成していなければ、天井石を置くことができない。

玄室部の二段目は、西側から積まれたのか東側から積まれたのか判断できないが、一段目の積み方からすれば、西側が先に積まれたと推定される。天井石を置く面まで積めば、天井石を三石置くことを前提に、石室の真ん中の石を置いている。

つぎの石は、羨道部側か奥壁側か、判断できないが、中央の石を安定させるためには奥壁にかかる石を置いたといえる。

最後に、天井の中央と見上げ石の上に石を落としこんで、石組みが完成した。

石積みの石が動かないように墳丘部や石室内を版築したと考えられるため、石組みが終わってから、羨道部から石室内の土を取りのぞき石室が完成したのだろう。石室内の土の除去時に石組みに歪みが生じれば、石室は潰れただろう。版築土の除去時に石室の完成の有無が決められるのである。このときの構築技術者の顔は、どのようであったのだろうか。

奥壁の石についてはふれなかったが、一段目の最後に奥壁の一段目を置き、二段目の最後に奥壁の二段目の石を置いたのであろう。

自然石を石垣に積み上げる方法に「穴太《あのう》積み」とか「野づら積み」とかよばれる方法がある。方形の加工石は間知《けんち》石ともよばれ、間知積みとか落し積みとかよばれる積み方がある。穴太積みの場合は、江戸時代の築城で活躍した石工集団である滋賀県大津の穴太衆に代表させられている。穴太積みでの自然石の積み方の基準は、下になる二石の上に重さが均等になるように、上に一石を乗せる方法である。三点や四点に上の石の加重がかかると、石積みが崩れやすいようである。

一方、愛宕塚古墳の石は下の二石に分割して上の石の重さがかかるように積まれている。江戸時代の石垣の積み方と六世紀後半に造られた愛宕塚古墳の石積みの方法とに変わりがないのには驚かされる。

6　物集女車塚古墳は何を語るか

山城の国は千年間、都であったためか、読みにくい地名が多い。向日市《むこう》はかつて乙訓（おとくに）郡であり、向日市埋蔵文化財センターがある鶏冠井（かいで）、そして物集女（もずめ）、淀の競馬場近くの水垂（みずたれ）や一口（いもあらい）など読み難い地名がある。また、おなじ漢字でも「山畑」を八尾市では「やまたけ」、東大阪市では「やまはた」と読む。志摩半島では石鏡（いじか）や相差（おうさつ）の地名があり、漢字が「百舌鳥」の三文字なのに平仮名では「もず」の二文字となる場合もある。とかく読みにくい地名がよくあるものだ。

さて、その向日市の丘陵の裾に、小さな前方後円墳の物集女車塚古墳がある。後円部に横穴式石室があり、玄室には組合式家形石棺が置かれている。石室の石材は壁石に砂岩、天井石に砂岩と黄土色の火山礫凝灰岩が使われている。石棺には白色の凝灰角礫岩、灰白色の火山礫凝灰岩が使われている。また、発掘によりわかっていることであるが、石室の一部に結晶片岩が使われ、天井石に長持形石棺の蓋石が割って使われていたようである。円形をした縄掛突起が外側についており、墳丘の土に埋まっているため、発掘時にはみられたようである。

石室に使われている砂岩は、西方にある西山にいけば、たくさんみられる石である。しかし、天井石に使われている火山礫凝灰岩は、岩相から伊保山付近の石と推定され、中期古墳の竪穴式石室の天井石そのものである。

物集女車塚古墳の石室に使われている石材は、砂岩を除いた他の石が中期古墳に使われている石材である。つまり、この古墳より前の中期古墳の石材を使って石室を造っていることになる。この古墳は六世紀中ごろで、石材を採石した古墳が五世紀ごろである。だから、長持形石棺が使われた大きな古墳が、百年か百五十年後には破壊されていることになる。

強力な権力によって造られた前方後円墳を百五十年もたたないうちに破壊し、さらに破壊した石材を自分の石室に使っているとは、物集女車塚古墳の被葬者はどのような人だったのだろう。

石棺の石材は二上山系凝灰岩と播磨系石材の高室石である。この二種の石材を組み合わせて家形石棺を造っている。石棺の底石三石と両側の石、奥の側石には牡丹洞付近の凝灰角礫岩が使われている。正面の側石と左右の蓋石は高室石である。

蓋石と底石には縄掛突起があり、底石は方形で、蓋石は方形突起の角を削り落とした楕円形である。左右の側石には突起を削り取った痕跡を残している。後期古墳の組合式家形石棺にしては底石にも突起があり、異様な棺といえる。

さらに正面と裏側の側石には、長持形石棺の木口石に付けられているような方形の突起が二個ずつ付いている。突起の付け方等からすれば、長持形石棺を家形石棺に変えたような感じがする。棺の制作としては正面からよくみえる棺の蓋の左右と正面に高室石を使っていることから、高室石で制作を計画した石棺であろう。しかし、なにかのつごうで棺材の一部しか入手できなかったために、二上山系の石材を使用したのだろう。長持形石棺はすべて伊保山の石材でない。高室石を産する付近にある玉丘古墳の長持形石棺の石材は高室石である。

高室石の家形石棺は、大阪府八尾市の愛宕塚古墳や芝塚古墳奥棺で六世紀後半の古墳にある。愛宕塚古墳では石棺材の破片のみで、芝塚古墳では底石と側石、蓋石の一部が残っているが、すべての石材が高室石であった。

推測の余地をでないが、愛宕塚古墳はみえにくい底石片に高室石が使われていることから、芝塚古墳の奥棺をもとに推定すれば、愛宕塚古墳の家形石棺には、すべて高室石が使われていたと推定される。

さて、物集女車塚古墳の被葬者は、五世紀に造られた長持形石棺をもつような大きな古墳を破壊して、その石を横穴式石室の石材に使っている。長持形石棺が古墳に使われた時期を、長くみても、五世紀の初めで、潰《つぶ》されたのが六世紀のなかばである。短くみれば、長持形石棺が五世紀の半ば、物集女車塚古墳の築造が六世紀の半ばとすれば、たかだか百年くらいの期間となる。平成十四年の今からみれば、明治時代の中ごろとなり、言い伝えもよく残っている時期であり、子孫も親類等もはっきりしている時期である。百五十年としても現代から計算すれば幕末であり、記憶から少し離れかけた時期である。

昭和六十年の秋に末永雅雄先生の米寿記念会が催された。そのとき、末永先生が「うち（私）の親父から聞いた話やが『子供のとき、観心寺の境内で遊んでいたら侍が二人来て、おまえ出て行けといわれ、追いはらわれた』といわれた。これが吉村寅太郎を中心とした天誅組である」と、話された。この幕末の話は一人が百年近く生きておられるために伝わっているのであるが、寿命が短い古代では玄孫ぐらいに伝わっているのとおなじではないだろうか。

長持形石棺をもつ古墳となれば、大きな前方後円墳となり、地域の人の記憶には残っているものであり、子孫も残っていたであろう。このような条件下で、古墳が破壊されたのである。古代では大きな出来事だったであろう。物集女車塚古墳の石室は、乙訓地域の政権の交代がすさまじかったことを裏付けているのだろう。

7章　寺院の石と石棺の石

古墳に使われている石と寺院に使われている石にはいろいろな関係がみられる。六世紀末から七世紀にかけては、横穴式石室の古墳が造られている時期であるが、このときは寺院が造営され始めた時期でもある。寺院と古墳の関係を、石からみよう。

1　植山古墳の石

見瀬丸山古墳の東、数百メートルの地点で二〇〇〇年に行われた植山古墳の発掘は、二十世紀における横穴式石室の研究の最後を締めくくるかのようであると私にはおもえた。

私は考古学的な石材の調査・研究をわずか四半世紀ほどしかしていないが、いつも「なぜ、石棺に使われる石が寺院や宮殿にも使われるのか」という疑問をもっていた。

平成十二年七月二十一日に、橿原考古学研究所の現地検討会で植山古墳の発掘現場を訪れたとき、方墳で周濠底に緑色の結晶片岩の板石を敷きつめ、墳丘斜面には葺石がみられない変わった古墳であるとおもった。

八月八日、この日も暑い日であった。西側の石室の床面まで発掘されていた。床面をみると、今までに見たことがない石があるではないか。玄室の入口になる場所の下に扉の受け部となる閾石《しきみいし》があり、玄室には石棺がなく、床面には緑色片岩の板石が部分的にみられた。

この古墳が発掘される五年ほど前に、橿原考古学研究所の関川尚功氏と天井石がない石室の上部の壁石材を観察したことがある。当時は孟宗竹が茂り、薄暗い窪地であった。大きな石室材は石英閃緑岩で、飛鳥石とよばれている石であった。大きな石の間隙に緑色をなす緑泥石片岩の板石が使われているので「不思議な石材の使い方をするのだなあ」とおもっていた。結晶片岩は本来、石棺材に使われる石であり、石室の壁石の間隙を充塡するために、わざわざ紀ノ川流域から運んできたのであろうか。他の古墳には類例がない。発掘されればこの疑問は解決するだろうとおもっていた。この八日はこれらの疑問が解決した記念すべき日であった。

閾石は黄土色の流紋岩質凝灰岩で、伊保山の石と推定され、石棺に使われている石である。横穴式石室の古墳に使われている石材で、このように石棺材を、踏んで通る位置に使用した例はない。扉の石はどのような石かとおもった。

九月に入ってS新聞の記者から「扉部の石が植山古墳の近くの春日神社で見つかったので、石材を見に行きませんか」と、誘われた。興味半分で見に行くと、長方形の板状に加工されている石が一石あり、石垣に方形に加工された緑色の点紋片岩の板石が数枚みられた。この石は春日神社付近に産する石ではないから、植山古墳から運ばれたものであろうと推測した。

春日神社境内の石材調査を終えて、「五條野には、八咒烏《やたがらす》大明神社が村の南にあるから、あそこにも転用石があるかもしれない。見に行きませんか」と、記者に話した。八咒烏大明神の神殿前の階段登り口に板石があるではないか。横幅が約一・一メートル、縦幅が約〇・九メートル、厚さが約〇・二メートルで、右端は面取りがしてあり、左端は円く半円柱状になっている。奥端の左端には円柱形の突起を打ち欠いた跡があり、下端には割った跡がある。石種は黄土色の凝灰角礫岩で、閾石と同質の石である。

「扉石の半分だ」というと、記者はびっくりしたのか、呆然と立ちすくんでいた。

玄室の扉部に石棺材とおなじ石を使えば、霊界と現世を境でき、霊を石室内に閉じこめることができ、玄室内に石棺を置く必要がない。木棺でも篭棺でも夾紵棺《きようちよ》でもよいことになる。

植山古墳は東西にのびる尾根の南側に方形の溝をめぐらした長方形の墳丘をもつ古墳である。墳丘内には南に開口した二つの横穴式石室がある。東側の石室が古く、玄室には淡桃色の刳抜式家形石棺が一基ある。西側の石室は閾石があり、従来の横穴式石室とは様相を異にする。

東側の石室は、玄室内に石棺を置く普通にみられる横穴式石室である。しかし、西側の石室は羨道と玄室の境付近に扉があり、玄室内には方形板状の結晶片岩が敷かれている。

春日神社の石材から判断すれば、羨道部にも長方形で板状の結晶片岩が敷かれていたと推定される。横口式石槨の前室の床に、室生火山岩製の板石や方形に加工された二上山系凝灰岩の石材が敷きつめられている例はある。横穴式石室の玄室や羨道の敷石に石棺に使うような結晶片岩を使っている例はない。また、玄室と羨道を境するために扉を設けられている類例もみられない。

また、墳丘も特異な様相をしている。墳丘の斜面にはまったく葺石が見られず、周濠の底に平たくなるように石が並べられている。この石は、下層では川原石が主として使われ、上層には板状の結晶片岩の板石を平たく敷きつめている。

石舞台古墳では墳丘の斜面に葺石が葺かれているが、植山古墳の墳丘にはみられない。普通の古墳では石棺に使う石材を墳丘や石室内に使っていないから、植山古墳は何をモデルに造られたのだろうか。また同時に、植山古墳で石棺材の使用にたいする転機があったとも推定される。

2　横穴式石室の古墳と寺院の堂塔

植山古墳の被葬者は東側の石室が竹田皇子、西側の石室は推古天皇であると私は推定している。推古天皇は推古三十六年（六二八）三月に世を去っており、遺命にしたがい竹田皇子を葬った大野岡上《おおののおかのうえ》に葬られ、後に科長《しなが》大陵（磯長《しなが》山田陵）に改装されている。

推古天皇が没する前後の時期の寺院で、金堂や塔等の遺構が確認されている寺院の一つに、西暦六四一年から造り始められた山田寺がある。また、すでに完成していた寺院に飛鳥寺がある。

飛鳥寺

飛鳥大仏が安置されている安居院は古代の飛鳥寺跡に位置し、世間では飛鳥寺とよんでいる。この寺の西側には蘇我入鹿の首塚と伝えられている五輪塔がある。また、奈良県と三重県の県境をなす高見山の東山麓にあたる松阪市飯高町波瀬にも、入鹿の首塚と伝えられている五輪塔がある。

波瀬の五輪塔の由来は「遊歩」の巻7に載っている。

「蘇我入鹿が鎌足に殺されるとき、鎌足よりも高い所に祀ってほしいとの遺言により、多武峯《とうのみね》よりも高いこの地に祀ったという話も伝わる。また、高見山の東側（三重県松阪市飯高町）の谷底に、入鹿の首塚という巨大な五輪塔がある。高見山に飛来した入鹿の首が、急斜面を転げ落ちた所という話も伝わっている。」

飛鳥寺の西にある五輪塔は形式的に南北朝時代のようである。石材が石英閃緑岩で、付近にみられる飛鳥石とおなじである。高見山東麓の五輪塔は江戸時代のようで高見山の東斜面に分布する花崗斑岩と同質の石である。

飛鳥板蓋宮で殺された入鹿の死体は、雨の中に放置された後、蘇我蝦夷のもとに送られているようで、武士のように首を取っていないとおもわれる。

入鹿の首の話はさておき、現存する飛鳥大仏の台には、黄土色の流紋岩質凝灰岩が使われており、岩相的には伊保山付近の石に似ている。つまり、石棺に使われる石の上に飛鳥大仏が座っていることになる。

平成十三年の春であったか、東側回廊の一部の調査に偶然出会った。回廊の礎石二基と回廊の側溝が出土していた。

礎石は方形に加工されており、造り出しがみられた。一基が白色の火山礫凝灰岩で、牡丹洞東方付近の石に岩相が似ていた。もう一基は灰白色の石英閃緑岩で、葛城山東麓に分布する石英閃緑岩に岩相が似ていた。

側溝の側石には方形に加工された板石が並べられており、石の種類は流紋岩質溶結凝灰岩で、室生火山岩の岩相の一部に似ている。また、底には斑糲岩や花崗岩、閃緑岩等が使われている。この斑糲岩は飛鳥川上流の柏森付近まで行かなければ採石できない石である。回廊を造るだけでも、太子町春日の牡丹洞東方付近、葛城山東麓付近、室生火山岩の板石がとれる室生ダムの西方付近や飛鳥川上流付近と、各地から石材を集めている様子がうかがえる。

二上山系の凝灰岩を礎石に使っている例は、斑鳩町にある法隆寺である。法隆寺の金堂の一部の礎石や回廊の一部の礎石にみられ、石の種類は火山礫凝灰岩、凝灰角礫岩で、牡丹洞東方付近や鹿谷寺跡北方付近の石に似ている。

山田寺

山田寺は大化の改新に協力した蘇我石川麻呂の氏寺であり、六四九年に謀反の罪をきせられた石川麻呂が自害した寺でもある。二十年ほども前になるか、この寺が発掘されている時に見学することができた。金堂跡の基壇には、牡丹洞の東方付近や鹿谷寺跡付近と推定される二上山系の凝灰岩が使われ、犬走りには室生火山岩製の方形に加工された板石が敷きつめられていた。

また、石の上に登って塔を拝むように、塔の前に置かれている礼拝石には伊保山付近の石と推定される播磨系石材の火山礫凝灰岩が使われていた。基壇に二上山系の凝灰岩が使われている例は、斑鳩の法隆寺の塔基壇や奈良市西の京の薬師寺東塔の基壇である。

法隆寺の塔基壇は昭和初期に修復されたものであるが、以前に使われていた石が宝物館の床下に保存されている。この石の種類は火山礫凝灰岩、凝灰角礫岩で、牡丹洞東方付近の石の岩相に似ている。

薬師寺の東塔基壇は花崗岩類が使われているが、塔の壁際に一列だけ凝灰岩がみられた。畑火山岩の礫が含まれ、ドンズルボー付近の凝灰岩と推定される。

柏原市太平寺にある知識寺の塔基壇には、石切場火山岩と岩相的に似た、柘榴石黒雲母安山岩の板石が敷きつめられていた。

また、玉手山丘陵の北部に位置する片山廃寺の塔基壇には、柏原市田辺の南方にある石英安山岩質火山礫凝灰岩が使われていた。

すべての寺院の塔や金堂等の基壇に、二上山系の凝灰岩が使われているわけではないが、中央政権と結びついた氏族の寺や官寺では、二上山系凝灰岩が基壇に使われている例が多い。

植山古墳の扉（入口）の受け部となる閾石は、人が踏んで通る石である。死者の霊を閉じこめる石棺を踏んで通るものはだれもいない。しかし、閾石は扉の基礎石であり、踏まなければなかに入れない。この石より中は死者の世界、霊界である。逆にいえば、現世と断ち切られた世界である。このように石棺材にたいする考えをするならば、扉石のなかにわざわざ石棺を置く必要はない。壁画で有名な高松塚古墳であっても、壁や天井、床まで牡丹洞の東方付近の凝灰岩のようである。石棺とおなじような構造のなかに木棺が納められている。つまり石棺の中に木棺を納めていることとおなじになる。

植山古墳では、外気と接する扉部に、石棺材とおなじ石が置かれているのである。石棺に用いられる石に、地に立っている人々の世界と霊界とを境する力があるとすれば、石棺材の上に立てば、この世から隔絶された世界となる。

このために、礼拝石に石棺材とおなじ石が使われるようになったのではないだろうか。

四天王寺の熊野権現礼拝石は、赤褐色の安山岩質火山礫凝灰岩で、馬門石である。植山古墳の西側石室から、破片であるが、出土しているのも石棺材と同じ馬門石である。また、山田寺の礼拝石は伊保山付近の石で、ともに石棺材と同質の石である。人が踏める条件を示すのは、四天王寺の礼拝石が最初であるといえよう。

植山古墳の西側の玄室には、床に緑泥石片岩の板石が敷かれ、棺台に飛鳥大仏とおなじ播磨系の石材が使われていたと推定される。玄室内から馬門石の破片が出土していることから、棺台に馬門石が使われていた可能性も否定はできないが、破片であり、艸墓《くさ》古墳の棺の前に置かれているような礼拝石を考えたい。

また棺台の上には、死者を安置した棺桶が置かれていたのであろう。いろいろと考えはできるが、死者を入れた棺をそのまま石室に入れるようになった始めであろう。

木棺や夾紵棺等では運びやすいが、石棺は運びにくい。石棺は死者を永久に安置する所であるが、木棺や篭棺、夾紵棺は死者を入れて持ち運びができ、目的地に安置できる。現代の棺のように運ぶことができ、石棺を使用しないことにより、葬儀の形式が変化したといえよう。

寺院と植山古墳の関係だが、寺院の基壇や犬走りに使われている石棺材とおなじ石は、現世と死後や仏の世界を境するために使われたと考えられる。石によっておなじ平坦地でも、石の上を越えると現世から離れられると考えたのであろう。

礼拝石の上にあがれば、現世と離れた位置になる。基壇や犬走り、回廊の側溝に石棺材とおなじ石を使っているのも、寺院の建物を現世から隔離する意図があったのだろう。

飛鳥寺の金堂の元の様子については、発掘の報告で知るしかない。山田寺の基壇には石棺に使われるような石が使われている。飛鳥寺の飛鳥大仏の下には石棺材とおなじ伊保山の石が使われている。

寺院の金堂と植山古墳とを使用されている石材で比べてみよう。金堂の基壇や犬走りの部分が、植山古墳では周濠の底の部分にあたり、墳丘の部分が堂にあたるとすれば、堂では木製の扉であるが、植山古墳では石製の扉となる。

飛鳥寺では堂内の台石の上に飛鳥大仏が乗っているのが、石室内の棺台の上に木棺や夾紵棺が乗せられているのとおなじであり、植山古墳の石室内は、飛鳥寺の金堂の内部の様子とおなじこととなる。

3　益田岩船

飛鳥の西方、橿原市南妙法寺の岩船山に謎の巨石である益田岩船がある。石材の上半分は加工され、上面に方形の穴が二つ掘られている。水が溜まっていることから、下へ排水するための穴がないようである。石の種類は石英閃緑岩で、付近にみられる石と同質の石である。また、飛鳥石と同じ岩相である。この石についてのいろいろな考えを紹介しよう。

まず石が現地のものか、運ばれてきたものかについては、この付近には石がないことと、東側の斜面に凹凸がないことから、東側の斜面から引き上げたとする考えがある。しかし移動説には疑問がある。その一つは八百トン以上もあるような石を引き上げることができたかである。

重さに耐えうるような運搬用具があっただろうか。藤井寺の三ツ塚から出土した修羅《しゅら》でも五十トンぐらのものしか運べないことが、同形・同質の復元修羅実験から証明されている。重さを単純に計算しても十六倍となり、十六倍の修羅を造れば運べると考えられがちであるが、材木の強度や牽引用の綱の強度も考慮しなければならないだろう。

二つ目は、現地で石材が加工されていることである。石棺材でも必要な寸法の部分だけを切り出し、その地で加工し、棺を納める現地の古墳内では調整加工ぐらいしかしていない。運ぶのにできるだけ軽くしていることがうかがえる。

しかし、益田岩船は現地で加工している。残存する未加工の部分と比較すれば一メートル以上も削っている部分がある。削っている部分はぼう大な量で、その重量は、すごいと推測される。なぜ、運んでから加工するのか。石棺などの運搬からでは考えられないことである。

江戸時代に、高野山に供養のための五輪塔が多量に運び上げられているが、重量を軽くするため中をくり抜いている。現代では自動車道路もでき、積載量を越えないようにして石材が運ばれているが、原石を運んで加工している様子はみられない。

益田岩船の登り口付近に、明治時代から大正時代にかけての石切場跡がある。このことは岩が露出はしていないが、地表下に露岩があることを示している。益田岩船の西にあった畑の崖にも露岩がみられた。また、レンズ状に含まれる変輝緑岩のレンズの方向と、露岩にみられる変輝緑岩のレンズの方向とは平行している。

このようなことから、益田岩船の石材は現地に露出していた石を加工したのであって、移動していない石であると考えられる。

つぎに使用目的については、祭壇説、石碑説、埋葬施設説等がある。

祭壇説では、ゾロアスター教の水の神であるアナヒーターを祭る祭壇であるとされている。また、石碑説は、平安時代に岩船の下方を流れている高取川を堰止めて、益田池を造ったときの益田池の碑文を立てた台石であるとする考えである。

益田池の堰堤跡は橿原市鳥屋町にあり、この下流に池尻の地名も残っている。工事で出土した導水施設の木樋は橿原考古学研究所附属博物館に展示されている。碑文の石についてであるが、南方の高取城の石垣に一尺四方の文字が刻まれた石があり、この石が碑文の一部であるとされている。ただ現在どこにあるのか、捜してみたがわからなかった。

埋葬施設説では、現在の石造物は製作途中のものであり、完成時には上面の穴が南に向くように九十度回転させる。この考えにも納得がいかない。九十度回転させ、下になる部分にまで加工が施されている。また、閉塞とは関係ない東西の部分まで加工されている。

また閉塞施設となるための石を受ける部分がない。当時、いくら労働力があっても、無駄な労力は使わなかったであろう。

石槨の形態説についてはさておき、徳島大学教授東《あずま》潮《うしお》氏の「皇極天皇の墓」説には賛成である。

二上山の南に岩屋峠がある。この峠の南側の石窟の中に石塔が建っている岩屋遺跡がある。一石の凝灰岩を加工して制作したもので、方形の台石の上に塔が立っている。台石の下には穴があり、水が溜まっている。舎利孔であろう。益田岩船の上に岩屋遺跡の塔のような石造物を二基並べて、方形の穴の上に立てるように上面に溝状の加工が施されていると考えられる。完成時には、益田岩船の周囲に平城京の羅城門のような播磨系石材の基壇か、法隆寺の塔にみられるような二上山系石材の基壇が設けられるようになっていたのではないだろうか。

益田岩船の上から眺めれば、奈良盆地の北方一円が見わたせる。東方をみれば、見瀬丸山古墳や植山古墳、菖蒲池古墳、飛鳥方面が眺められる。逆に奈良盆地一帯からみれば、益田岩船が眺められることになる。

桜井市忍阪にある舒明天皇陵には、墳丘面を磚《せん》状に室生火山岩の板状の石が積み上げられていたと聞く。墳丘面を石棺材とおなじ石で敷き詰めることは、寺院の基壇と同じような石材の使用方法である。

舒明天皇陵の内部については知る余地もないが、外部だけからの判断でも、推古天皇陵と推定される植山古墳には、周濠に石棺材とおなじ石材が使われていたのが、舒明天皇陵になれば、墳丘に磚積みされるようになる。寺院建築の金堂か塔の様式を古墳に持ち込んでいるといえる。

では、次の皇極天皇の陵となれば、塔そのものとなり、心礎の舎利孔に入れられる仏舎利の代わりに、死者を入れるようになる。そのために一・二メートルもあるような穴をあける必要があったのだろう。

斉明天皇（皇極天皇）は間人皇女とともに葬られている。斉明天皇陵を牡丹洞の凝灰角礫岩に二つの石室をくり抜いて造った石槨をもつ牽牛子塚古墳と、私は推定している。

斉明天皇の御陵があるのに、なぜ、益田岩船が皇極天皇（斉明天皇）の陵だといえるのだろうか。皇極四年（六四五）六月に蘇我入鹿が中大兄皇子らに板蓋宮で殺されたときをもって、皇極天皇は軽皇子（孝徳天皇）に譲位されている。翌年の大化二年には墓にたいする規制の薄葬令《はくそうれい》が出されている。

皇極天皇のときに皇極陵とする益田岩船を造営しかけたが、皇極四年六月に譲位したので造営を中止した。その後に出された薄葬令もあり、再度、陵として造営されることもなく、岩船は放置されていると考えている。

8章　宮殿と苑池の石

1　石上山の石

日本書紀の斉明天皇二年（六五六）九月の条に「石上山《いそのかみやま》の石」の記述がつぎのように出ている。

「……天皇は造営工事を好まれ、水工《みずたくみ》に命じて香山《かぐ》の西から石上山まで水路を掘らせ、舟二百隻に石上山の石を積み、流れに沿ってそれを引き、宮の東の山に石を重ねて垣とされた。当時の人はこれを非難して、

『この狂心渠《たぶれこころのみぞ》の工事に費やされる人夫は三万余、垣を造る工事に費やされる人夫は七万余だ。宮殿を造る用材は朽ちただれて、山の頂も埋もれるほどだ』

と、いった。また、

『石の山丘を作れば、作るはしからひとりでにくずれてしまうだろう』

と、そしる者もあった。」

平成四年五月二十二日付けの読売新聞では「斉明朝の大石垣」の見出しで、明日香村岡の丘陵で発見された石垣の記事が掲載されていた。石垣は酒舟石を北西に少し下った位置である。さらに下には亀形石と小判形石が出土した遺構がある。

石垣は石英閃緑岩の川原石を基礎として、その上に黄土色の凝灰質砂岩を方形に加工した石が積み上げられている。石垣を積むのであれば、下からおなじ石を積めばよいとおもわれるが。この石垣ような例としては山田寺の金堂基壇がある。この基壇は石英閃緑岩（飛鳥石）の基礎石を敷いた上に白色の凝灰岩を積み上げて造っている。

一方、石垣に使われている砂岩は流紋岩粒が多く含まれ、柔らかい。また、貝化石が含まれる石もまれにある。このような砂岩は、奈良盆地の北東部に分布する藤原層群豊田累層の砂岩の一部に岩相が似ている。採石地としては天理市の豊田山が推定される。天理市豊田は石上神宮の北方に位置し、古来から石上豊田（大字石上、字豊田）ともいわれている。日本書紀の石上山は、豊田山を指しているといえよう。

さて酒舟石がある丘陵の中腹を取り囲むように、高さ二メートルほどの石垣が造られていたと推定され、これにはぼう大な量の石が使われている。また、この砂岩は亀形石遺構の下部遺構にも多量に使われている。「石を切り出し、運んで、石垣を積む」この作業に従事した人夫は、使われている石の量から判断すれば、何万人も必要としたのであろう。

橿原市新賀町に市杵島神社がある。境内に大木が繁る小社である。境内の片隅に妙な石がある。黄土色の火山礫凝灰岩である。この石は石棺などに使われている石と同質で、加西市伊保山付近の石と推定される。この加工石に前後に貫通した角柱形の孔があり、上方から円柱形の穴があけてあり、前後の穴の部分で止まっている。上方から丸太を入れれば、前後の孔が遮断されるようになっている。用途としては水門の樋に使用したものと推定され、形状からは溜池などにみられる樋のようなものでなく、水路にみられる樋のように露出部に使われたものである。

石材からみれば、中期古墳の長持形石棺や後期古墳の家形石棺、終末期古墳の石槨、平城京の羅城門の基壇や礎石に使われている石と同質である。とかく一般には使われていない石である。また、石材の使用時期も古墳時代中期から奈良時代に限定できる。

このようなことから「香山の西から石上山まで造った水路である狂心渠」の水門に使われた石であると推定している方もいる。二百隻の舟を浮かべた狂心渠には、水位を調節するための水門が造られていたのであろうか。

岡本宮は伝板蓋宮付近と推定されていることから、「宮の東に石を重ねて垣とされた」の記述と一致する。また、多量の石材については、出土している石材の岩相・質・量から、日本書紀の記述を裏づけている。

2　亀形石と飛鳥京苑池の石

明日香村上畑にあった高市小学校畑分校の横に幼少のころ住んでいた。細川谷を下って行くと、黄金色に色づいた稲穂のなかに石組みがみえる石舞台古墳があり、高市小学校の角を曲がると左手に鍛冶屋があった。左手で鍛造用の鉄片を金はさみで挟み、右手でふいごを動かし、鉄片を暖めては金床の上で鎚で叩いているのをみた。焼き入れのときは湯玉が飛び散り、白煙が上がっていた。小学唱歌にある「村のかじや」の歌そのもののようであった。その家の前には溶岩のような穴があいたコークス片が積まれていた。

現在、石舞台古墳の西にある駐車場は高市小学校の跡地であり、玄関の横にあった石造物だけが北西の隅に残っている。駐車場入口の北東には、方形の角がある池の跡が出土しているのをみた。池の東端にあたる角には、集水施設の井戸のような部分があり、底には一面に石が敷かれていた。この石は石英閃緑岩や変輝緑岩の川原石のような石であった。これらの石は細川谷にみられる石に似ていた。

亀形石遺構の石

平成十一年に万葉ミュージアムへの進入道路を建設するための事前発掘調査が酒舟石遺跡の北側の谷で行われた。谷地形の部分で東に階段状に登る石段が現れはじめた。異様な遺構であるといわれており、黄土色の砂岩が非常に多くみられた。

南側の斜面に崩れが生じ、土を除去すると、亀のようで亀とはいえない形をした石英閃緑岩製の加工石と、小判形にしては少し角張っているような、石英閃緑岩製の加工石が出土した。

明日香村川原にある亀石も、遠くからみれば亀のようにみえる。しかし、首から顔の部分をみれば蛙の顔である。亀であれば目が横に付き、上に付かない。亀の顔は楕円形であるのに、亀石の顔は三角形である。私の子供が保育園児だったときに亀石をみて、「蛙の顔をしている」といった。小さい子供のほうが的確に形を比較しているようである。

この亀石も橘寺の境内にある二面石も石英閃緑岩である。これらの石英閃緑岩は「飛鳥石」とよばれている石とおなじである。細川谷から益田岩船付近にかけて分布している石である。

亀形石遺構の調査は平成十三年度もつづけられ、遺構の時期を1から5までの5期に区分されている。

1期が七世紀中頃で斉明朝、
2期が七世紀後半で斉明朝～天武朝、
3期が七世紀後半～末、
4期が九世紀、
5期が九世紀後半

遺構は時期が重複している場合もあり、観察した石材すべてが各時期を示しているとは言いきれないが、だいたいの傾向は示されているといえよう。

［**1期**］川原石のような石と加工石が使われている。川原石のような石は黒雲母花崗岩、石英閃緑岩、斑糲岩、変輝緑岩、片麻状黒雲母花崗岩で、加工石は砂岩、流紋岩質溶結凝灰岩である。見かけの長径が五十センチを越えるものはない。砂岩が約五割五分を占め、斑糲岩と変輝緑岩が各約一割二分、石英閃緑岩が約九分を占めている。

砂岩は天理市の豊田山の砂岩と推定され、流紋岩質溶結凝灰岩はわずか一個で、室生火山岩に似ており、採石地としては室生ダムの西方付近が推定される。斑糲岩は飛鳥川上流の柏森付近まで行かなければ採取できない石だが、黒雲母花崗岩はこの遺跡より東の山麓、片麻状黒雲母花崗岩や石英閃緑岩は近くの飛鳥川で採取できる石である。このようなことから、1期の遺構は砂岩を使用することを意図して飛鳥川の石も使われているといえる。

［**2期**］川原石のような石材が使われている。斑糲岩が約四割、石英閃緑岩が約二割五分、黒雲母花崗岩が約二割一分、片麻状黒雲母花崗岩とアプライトが各約六分、変輝緑岩や砂岩がわずかである。

斑糲岩は柏森付近の石と推定され、アプライトや黒雲母花崗岩は東の山麓、石英閃緑岩や片麻状黒雲母花崗岩は、細川谷で採石できる石である。

以上のことから、2期の遺構は東の山麓、飛鳥川付近の石が半分ずつぐらい使われているといえる。

［3期］川原石のような石が使われている。斑糲岩が約四割六分、石英閃緑岩が約三割七分、黒雲母花崗岩が約一割四分で、ペグマタイトや変輝緑岩、片麻状黒雲母花崗岩、砂岩がごくわずかである。石英閃緑岩には数個であるが辰砂が含まれているものがあり、寺川が採石地と推定される。斑糲岩や他の石英閃緑岩は柏森・稲渕付近の石と推定され、黒雲母花崗岩やペグマタイトは東の山麓の石、片麻状黒雲母花崗岩や石英閃緑岩の一部は細川谷で採取できる石と推定される。

以上のように1期には砂岩が多く使われ、遺跡付近の石も使われている。2期になると遺跡付近の石が多くなり、3期になるとほとんどが飛鳥川の石となる。

明日香村平田で、猿石が置かれていた苑地ではないかと推定される地が発掘された。このキタガワ遺跡では川原石のような石英閃緑岩が多量に使われていた。一メートルを越すような大きな石も石垣に使われていた。これはどう考えても、すぐ西側にある高取川の石とはいえない。まさに飛鳥川の石であった。

この遺構が造られた時期や、石舞台古墳の東北にある方形の池が造られた時期には、近くの飛鳥川には石材として採石できる石が川原にあったが、亀形石遺構の2期の時期となれば、もう飛鳥川に使用できる石材がなくなったために柏森のような奥地から石を運ばなければならなくなったのだろう。

飛鳥京苑池遺構の石材

大正時代に飛鳥の眞神原の西部に位置する苑池遺構付近から、流水施設の石を京都の野村邸に庭石として運んでいる。出水の酒舟石とよんでいる石である。この苑池は平成十一年に調査され、池の施設として護岸石垣、石敷き、島状石積み、石造物、張り出し等が確認されている。

新聞によれば、「池に水が入れられると底石の緑が映えていた」と報道されていたが、水が溜まっている池では、石の表面に付着物がついて、石の色はなくなるだろう。毎日、池の底石を磨く掃除がされていたのだろうか。

現地説明会の資料では、蓮の花がさいているような滞水の状況が推定されている。池の底に使われている石は斑糲岩と石英閃緑岩が非常に多く、ペグマタイトや黒雲母花崗岩、片麻状黒雲母花崗岩、変輝緑岩がごくわずかであった。斑糲岩や石英閃緑岩には辰砂が含まれているものがごくまれにみられた。

採石地としては、ペグマタイトや黒雲母花崗岩はこの遺跡の東の山麓、斑糲岩や片麻状黒雲母花崗岩や石英閃緑岩は飛鳥川と推定される。

斑糲岩や石英閃緑岩は、亀形石遺構の斑糲岩や石英閃緑岩に岩相が酷似している。また、粒形や粒径も似ている。おなじ場所で採石されても不思議でない。苑池の底石と亀形石の3期の敷石とはおなじ場所で採石され、並べられた石といえよう。

エビノコ大殿の北築地の石材

明日香村役場の東側で、エビノコ大殿の北の築地調査がされているときに、石材を観察する機会をえた。使われている石は、暗緑色の斑糲岩、暗灰色の石英閃緑岩が多くみられた。粒形は円に近いものが多く、飛鳥川の上流柏森付近の川原石を採石されたと推定される。

前述した三遺跡の石材を比較してみると、使われている石の大きさや石種構成、岩相、粒形が、飛鳥京苑池遺構の池の底の敷石と亀形石遺構の床の敷石（3期）とはおなじといってよいほど似ていることから、川原のおなじ場所で採石され、使用場所が異なっただけと推定される。また、エビノコ大殿の築地の石材も、このふたつの遺構の石材に似ている。このようなことから、エビノコ大殿の造営時に亀形石遺構の改修や苑池の底を造ったのだろうか。

苑池遺構の池底の敷石が改修によるものか、初期のままのものか等、時期についてはさらなる発掘調査の結果を待つことにしたい。

3　平城京の石

平城京の石材を観察しようとすれば、平城京跡にある展示施設の石か発掘現場の石しかない。しかし、伝承されている平城京の石は手でもふれる位置にある。一つは平城京の羅城門の礎石といわれている石が、大和郡山城の天守台にある。もう一つは平城京の大極殿の礎石が、京都府山城の山城国分寺跡の金堂の礎石にみられる。

羅城門の礎石

現在みられる大和郡山城の天守台は、筒井順慶による築城とする人もいるが、関ヶ原の戦い以前は紀州大納言秀長の居城として造られたようだ。秀長は豊臣秀吉の弟であり、秀吉の財源調達係であったようである。この天守台は豊臣秀長の時のものと考えてよいだろう。

天守閣は江戸時代の初期からなかったようである。徳川方に城を明け渡すときに「三層の櫓の上で指揮をとる」とみられることから、天守閣は三層ではなかったかといわれる人もいる。現在ある天守台に上る道は明治に造られたようである。

天守台の時期論はさておき、東から天守台に上る道がある。この登り口にあたる北東の隅石に礎石が三石積まれている。直方体に加工され円形の造り出しがある黄土色の石である。この石は平城京の羅城門の礎石といわれている。同様の石は天守台南西の隅石の下部に一つ、南西隅石の西にある堀石垣中段の隅石にも一つ確認される。

天守台の上では礎石と同質の直方体の加工石が数基みられる。また、天守台登り口の左手の石垣には基壇の羽目石のような加工石もみられる。礎石や天守台の上の加工石や羽目石のような加工石は火山礫凝灰岩で、石棺に使われている石と同質で、伊保山付近の石に似ている。残存する石は少ないが、平城京の羅城門には礎石や基壇の石に伊保山付近の石が使われていたと推定される。

また、天守台の石垣には片麻状黒雲母花崗岩製の礎石や輝石安山岩製の礎石、石英閃緑岩製の礎石がある。これらの礎石には造り出しがあり、平城京に関連した建物や寺院の礎石と推定される。採石地としては、片麻状黒雲母花崗岩が奈良市東部の高円山付近、輝石安山岩が奈良市の三笠山付近、石英閃緑岩が飛鳥付近と推定される。

石英閃緑岩の礎石は、飛鳥地方で使われていたものを平城遷都のときに運んだのではないだろうか。また、この石垣には、五輪塔、地蔵尊等いろいろな石造物が石材として使われている。

大極殿の礎石

「青によし　奈良の都は　咲く花の……」の時期といえる聖武天皇の御代には、難波宮、信楽宮《しがらき》、恭仁《くに》京の造営、さらに東大寺、あるいは各国分寺の造営と、土木事業の盛んな時期である。恭仁京への遷都では、平城京の大極殿の礎石を恭仁京に運んだといわれている。

また、国分寺令が出されたときに、京都府木津川市加茂町登大路にある山城の国分寺は、恭仁京の大極殿跡を利用して建てられたとされている。いま山城国分寺の塔跡に残る礎石の多くは、長石の斑晶が点在する黒雲母花崗岩で、当地の西方に位置する加茂町大野から山城町にかけて分布する斑状黒雲母花崗岩の岩相の一部に似ている。

金堂跡には、伝羅城門の礎石とされる石とおなじ形の石が数個みられる。この石が、じつは平城京の創建時の大極殿の礎石とされている。火山礫凝灰岩で、伊保山付近の石に岩相が似ている。金堂跡は高まりとなっているが、基壇等の石材はみられない。伝承が真実とすれば、平城京の造営に関して、羅城門と大極殿の礎石に同質の石を使用することを意図していたと考えられる。

また、羅城門は一般地と京域を区別する門である。この門の石材に石棺とおなじ石材が使われていることは、寺院の堂塔を一般地と境するために基壇に使われている使われ方とおなじといえよう。石棺と同質の伊保山の石材を使用することによって、京の内と外を分けようとしたものといえよう。

9章　石をみるとき

石材には表面に付着物がついていることが多い。この付着物がついたまま、石の表面をみることはできない。写真判定の場合は、付着物の様子がわからないため判断しにくい。

平成十三年十月に奈良市で開催された日本文化財科学会の講演会があった。そのときに平城京の苑池遺構の石について「池の石は安山岩でしょうか。白色の瑪瑙のような石は……」という意見があった。私がみたときには池の底に敷かれた石は、水が溜まっていたためか褐色をしていた。みた感覚では安山岩のようにもみえる。しかし、付着物のために褐色で、一見、滑らかにみえているようであった。遠望では石材の判断がしにくい。

逆に、近くであっても判断しにくい場合が多くある。奈良市尼ヶ辻の路傍に縁切り地蔵がある。仏門に入る人が、俗世との縁を切って寺に入る「縁切り」のときに参拝する地蔵尊のようである。この地蔵尊は小さな祠にまつられ、線香の煙が後を絶たない。そのために真っ黒で、表面は滑らかに磨かれたようになっている。

説明板には、地蔵尊は安山岩製と書かれている。表面の様子からみれば、三笠山の付近に産する

「からんぼ石」とよばれている三笠安山岩に似ている。しかし、地蔵尊の後側の石材の割れ方は、三笠安山岩の割れ方としては不自然である。片麻状花崗岩や片麻状閃緑岩に似た割れ方である。油煙が付着していない部分がないか捜してみた。下の方に表面が観察できる部分があり、その部分を見ると灰白色の片麻状黒雲母花崗岩と同定できた。表面に付着物がついていると、判断を誤ることがある。

おなじようなことに、倉敷市にある有名な盾築《たてつき》遺跡の墳頂の祠にまつられていた「亀石」がある。古墳発生の謎をとく特殊器台などとおなじような弧帯文が刻まれた石である。黒色で、表面に線が刻まれ、一抱え以上ある三角おにぎり形の石である。

この表面には茶褐色から黒色の付着物がつき、直接に表面を見ることができないので、見られるところはないかと方々を捜した。すると付着物がつかない親指の爪ぐらいの部分があり、白色の鑞《ろう》のようであった。鑞のような部分には幅が一ミリに満たない無色透明の筋が複雑な曲がり方をしている。流紋岩類が変質してできた鑞石に似ている。爪で触れれば、鑞石は硬度一であるために傷がつくので、同定には役立つが、文化財であるために傷をつけることはできない。また観察した部分が鑞石であっても、他の部分がすべて鑞石であるとはいえない。

伝景行陵出土の滑石を含む蛇紋岩製の石枕もおなじことになる。一部に滑石が含まれる蛇紋岩であれば、もし滑石の部分のみをみていれば、滑石製となり、蛇紋岩の部分しかみていなければ蛇紋岩製となる。

桜井市忍坂の石位寺の三尊仏のように、正面からみれば砂岩のようにみえるが、横や裏側にまわれば礫がみられる。一部をみるのではなく、できるだけ全体をみて判断すべきである。

また、石は風化すれば、泥岩と安山岩が識別しにくい場合がある。風化しかけた板状節理が発達した安山岩を結晶片岩としてしまう場合もある。風化しかけた斑晶が粗粒な安山岩を風化した凝灰岩と間違えさせる場合もある。風化の状況をそのままにした感覚的な判定でなく、風化していない部分をさがして、石種についての同定をしなければならない。発掘現場では割れて断面が見られるような石もあることから、より新鮮な断面がみられる石で石種の判断を望まれる。

石材を同定するときには、付着物がない条件で、より広い面積を多方向からみて判断することが期待される。

参考文献

1章

永積安明・池上洵一訳『今昔物語』6　本朝部　平凡社

五万分の一地質図幅説明書『吉野山』地質調査所　一九五七年

『辰砂生産遺跡の調査　―徳島県阿南市若杉山遺跡―』徳島県立博物館　一九九七年

奥田　尚「石製多層塔の石材とその採石地」『古代学研究』第一四七号　古代学研究会　一九九九年

2章

石濱俊造『大和路石仏散歩』主婦と生活社　一九九七年

3章

森岡秀人「庄内式土器の実年代について」『3・4世紀　日韓土器の諸問題』釜山考古学研究会・庄内式土器研究会・古代学研究会による国際学術会議講演要旨集　二〇〇一年

『西殿塚古墳・東殿塚古墳』天理市埋蔵文化財調査報告　第七集　天理市教育委員会　二〇〇〇年

吹田直子「椿井大塚山古墳と山城地域前期古墳出土土器について」『庄内式土器研究』第十六号　庄内式土器研究会　一九九七年

『寺戸大塚古墳の研究1』向日丘陵古墳群調査研究報告　第一冊　向日市埋蔵文化財センター　二〇〇一年

奥田　尚「造山古墳の石材と埴輪」『橿原考古学研究所紀要』考古学論攷　第十四冊　橿原考古学研究所

一九九〇年
米田敏幸「邪馬台国河内説の検証 ~河内からみた纏向遺跡~」『庄内式土器研究』第十九号 庄内式土器研究会 一九九九年
『玉手山九号墳』柏原市文化財報告 柏原市教育委員会 一九八三年
『史跡心合寺山古墳発掘調査概要報告書』八尾市文化財調査報告 第四十五冊 八尾市教育委員会 二〇〇一年
『西殿塚古墳・東殿塚古墳』天理市埋蔵文化財調査報告 第七集 天理市教育委員会 二〇〇〇年
「磐園陵墓参考地の葺石の石材」『書陵部紀要』第五十二号 宮内庁書陵部 二〇〇〇年

4章

『高山火葬墓・高山石切場遺跡』香芝市文化財調査報告書1 香芝市二上山博物館編 一九九四年
『伝説の河内』松本荘吉著 歴史図書社 一九七八年復刻
奥田 尚「大和を中心とした古墳の石室・石槨材」『橿原考古学研究所論集』第七 吉川弘文館 一九八四年
奥田 尚「畿内を中心とした家形石棺の石材」『橿原考古学研究所論集』第十二 吉川弘文館 一九九四年
奥田 尚「二上山系凝灰岩製の中世石造物」『橿原考古学研究所論集』第十三 吉川弘文館 一九九八年
『採石遺跡1』兵庫県生産遺跡調査報告 第三冊 兵庫県教育委員会 一九九三年

5章

奥田 尚「終末期古墳の石材」『古代学研究』第一三二号 古代学研究会 一九九五年

『東明神古墳の研究』橿原考古学研究所　一九九九年
安村俊史「群集墳と横口式石槨」『古代学研究』第一三三号　古代学研究会　一九九五年

6章

奥田　尚「加工石の運搬」『古代学研究』第一四九号　古代学研究会　二〇〇〇年

7章

十人会『遊歩』Vol. 7　五條・吉野・大峰・大台　編集工房あゆみ　一九九五年
松本清張『ペルセポリスから飛鳥へ』日本放送出版協会　一九七九年

8章

奥田　尚「塔心礎の石種」『古代学研究』第一三一号　古代学研究会　一九九五年

あとがき

飛鳥の石を眺めてはや半世紀が過ぎている。何かの都合や仕事で飛鳥を訪れることがたびたびあるなかで、見学や観光で訪れられる方々の「わあ、すごい……」の感動の声に、いつも「かつてはここが政治の中心であったのか」の気持ちがよみがえる。

私は父の仕事の都合で、明日香村冬野で生まれ、上畑で幼年期を終えた。母に連れられて石舞台古墳の石の横を通ると、中学生が稲刈りをしていた。それからまもなくして田は周濠となり、道路も付け替えられた。都塚古墳の入口付近には牛馬の糞が積まれていて入りにくかった。

石舞台古墳の西にある駐車場は高市小学校のあとであり、この学校の運動会が畑分校や入谷分校の児童と一緒に行われていたようである。小学校に入学する時、牟佐坐《むさにます》神社の近くに転居したが、飛鳥近辺でもある。益田岩船や牽牛子《けんごし》塚古墳、中尾山古墳などは十分もあれば行ける距離であった。

益田岩船で魚つりをしたり、気味が悪い古墳の中に入ったりしたものだった。

小学校の運動場の西側には、真珠湾攻撃の飛行隊長だった淵田さんの家があった。その向こうには網干善教先生の家があった。その向こうの丘の上に「パリス」とよばれる洋館だての家があった。何でこんな所にこんな家があるのかわからなかった。後で気がついたのだが、宣教師をされていた淵田さんが建てられたようである。益田岩船の近く、懿徳天皇の宮跡推定地の向かいには、陸軍の小銃弾を保管されていた火薬庫があったが、今は住宅地となっている。これらのことは昭和三十年頃のことであり、半世紀を過ぎようとする現在、見る影もない。

本を読むこと、話を聞くこと、画像を見ることが元来嫌いな私にとって、物を眺め、違いを比べることはとてつもなく楽しいものである。地上の物は消えても地表下のものは残る。生物の残した物から の探求の道を教えていただいたのが嶋倉巳三郎先生・市川浩一郎先生で、古代人の残した跡の探求の道を教えていただいたのが伊達宗泰先生・森浩一先生を始めとする諸先生方である。諸先生方に教えていただいたことと、生まれ育った地の状況により本書を書くことができた。

本書は、石について今までにしたこと、考えていたことを述べた。体系も立てていなければ、従来の見解と異なる内容も多いことと思う。考古学は数学のような観念の学問ではない。観念にとらわれずに現物を見て、自分なりの解釈を探求していきたい。

このたび、鶴岡一郎学生社社長の好意により本書が刊行できましたことに感謝します。

平成十四年三月十日

奥　田　尚

補　論

初刊から早や二十年の歳月が過ぎた。

この間に畿内の前期古墳の新資料も増加し、石室材に関係する資料もわずかではあるが増えてきた。初刊のころには考えつかなかった、石材にもとづく竪穴式石室の区分と畿内の各大豪族が使用した石材について述べる。

竪穴式石室の区分

石材の使用方法と石種をもとに竪穴式石室を区分すれば、A、B、Cの三タイプとなる。豪族の区分は、大豪族の下に中・小豪族が集まり、石室に同質の石材を使用する集団を一つの大豪族としている。

Aタイプの石室（大豪族の石室）　石室の壁石が横積みで、壁石と異なる石種の石材が天井石に使用されている。このタイプの石室には、茨木市の将軍山古墳、桜井市のメスリ山古墳、川西町の島の山古墳などがある。

Bタイプの石室（中豪族の石室）　石室の壁石が横積みで、壁石と天井石に同質の石材が使用されている。また、壁石材の中に天井石と異なる石材が使用されていることがある。このタイプの石室には、天理市の下池山古墳、同市の黒塚古墳などがある。

Cタイプの石室（小豪族の石室）　石室の壁石は板石が縦方向に使用され、壁石と天井石に同質の石材が使用されている。また、壁石材の中に天井石と異なる石材が使用されていることがある。従来、箱式石棺とか小石室と呼ばれているものである。棺桶は底板の上に側板が乗っている。弥生時代の木棺も同様の組手である。底石がないものは石棺と呼べない。石室である。このタイプの石室には枚方市の御殿山古墳などがある。

以上のように石室を区分すれば、石室の壁石やB・Cタイプの石室の天井石に被葬者と同族の大豪族が使用する石材が使用されることになり、異なる石材は他の大豪族が使用する石材（供献材）となる。Aタイプの石室の天井石は各地の大豪族が供献した石材で構成される。このような石室材の使用の始まりは桜井茶臼山古墳にみられ、完成するのがメスリ山古墳や茨木将軍山古墳の時期だろう。

天井石の石種とその産地

Aタイプの石室の天井石材は、橄欖石安山岩S（柏原市の芝山付近の石）、輝石安山岩D（三郷町の亀の瀬付近の石）、輝石安山岩A（香芝市の旭ヶ丘付近の石）、輝石安山岩K（羽曳野市の春日山付近の石）、石英斑岩Y（京都市の山科付近の石）、玢岩A（香川県の綾歌付近の石）、花崗閃緑岩S（茨木市の佐保付近の石）、点紋片岩Ａ（五條市の阿田付近の石）、アプライト（産地不明）、片麻状黒雲母花崗岩（産地不明）、砂岩（産地不明）などである。

これら石種の石材は、畿内各地の大豪族がそれぞれの大豪族の石室の天井石として供献していたものであり、当時、畿内には十一以上の大豪族がいたことになる。

また、大豪族が供献用に使用した石材は、その豪族が支配している地域のものもあれば、全く異なる地で採石されているものもある。全く異なる地の例には、讃岐の綾歌付近の石、播磨の高砂市の伊保山や加西市の長《おさ》付近の石がある。

見学できる天井石

茨木市の佐保付近に分布する花崗閃緑岩Ｓは、桜井市のメスリ山古墳の天井石に三石、天理市の西山古墳の天井石とされる石に一石みられる。この花崗閃緑岩Ｓ製の天井石は茨木市付近の大豪族が、交流があった二人の大豪族に供献した石と推定される。

天井石の全様がみられるメスリ山古墳では玢岩Ａが一石、片麻状黒雲母花崗岩が三石、花崗閃緑岩Ｓが三石使用されている。これらの天井石には長短の幅があり、個数ではなく、石室の天井部を占める幅の割合で求めれば、花崗閃緑岩Ｓ製の天井石が天井面全体の長さの六十一％、片麻状黒雲母花崗岩が二十八％、玢岩Ａが十一％を占めている。

茨木将軍山古墳の天井石は、石英斑岩Ｙが四石、橄欖石安山岩Ｓが一石、輝石安山岩Ｄが四石、アプライトが一石、砂岩が二石である。供献材の石種が五種類であることから、この石室の被葬者は少なくとも五人の大豪族と関わりがあったと推定される。天井石が占める長さの割合は石英斑岩Yが三十三％、輝石安山岩Dが二十六％、橄欖石安山岩Sが十二％である。壁石は紅簾《こうれん》石片岩を主とする結晶片岩N（南あわじ市の沼島付近の石）の板石である。天井石は山科付近と亀の瀬付近の石で全体の半分以上の幅を占めている。茨木将軍山古墳の被葬者は山科や亀の瀬付近の石を供献している大豪族とつながりが深かったと推定される。

以上のように天井石の石種別の使用割合を被葬者と供献者のつながりの様子とみれば、当時の豪族社会のつながりの様子の糸口がつかめるように思える。

中・小豪族の石室

銅鏡三十四面を出土した黒塚古墳は、壁石と天井石に橄欖石安山岩S、輝石安山岩Kが使用された中豪族の石室である。この壁石に径が五十センチメートル程の石英斑岩Yの川原石が一石みられた。山科付近の石を使用する大豪族により供献された石と推定される。

御殿山古墳は壁石が結晶片岩Nの板石を縦に使用された小石室である。この石室の右上部壁の隅に拳大の橄欖石安山岩Sの割石が一石積まれていた。このような小さな石室でも供献材があるのだとびっくりした。

播磨系石材の使用

四世紀後半の時期になると天井石に火山礫凝灰岩Ⅰ（高砂市の伊保山付近の石）のような播磨系石材のみを使用する石室となる。このような古墳に川西町の島の山古墳がある。

五世紀になると石室内に火山礫凝灰岩Ⅰ製の長持形石棺が置かれるようになるが、石室がなく、長持形石棺が直接埋葬される古墳も出現する。長持形石棺が使用されるようになれば、大豪族にも三つの身分差、上、中、下ができ、葬送施設に関しても身分に応じて墳頂に一石室のみ、墳頂に数石室、石棺直葬の大豪族と区分されていたと推定される。

このような身分が生じた古墳の例をあげる。

(1)上の大豪族の古墳

藤井寺市の津堂城山古墳　天井石が火山礫凝灰岩Ⅰ（高砂市の伊保山付近の石）と火山礫凝灰岩O（加西市の長付近の石）　長持形石棺

(2)中の大豪族の古墳

御所市の宮山古墳　天井石が火山礫凝灰岩Ⅰ　長持形石棺が火山礫凝灰岩Ⅰ　墳頂部に他の埋葬施設がある

葛城市の屋敷山古墳　天井石が火山礫凝灰岩Ⅰ　長持形石棺が火山礫凝灰岩Ⅰ

(3)下の大豪族の古墳

広陵町の一本松古墳　長持形石棺の底石が広陵町の牧野古墳脇在　火山礫凝灰岩Ⅰ

大和高田市の狐井塚古墳　長持形石棺の棺底が大和高田市の小池寺在　火山礫凝灰岩Ｉ

加西市の玉丘古墳　長持形石棺が火山礫凝灰岩Ｔ（加西市の高室付近の石）

竪穴式石室の天井石の使用から当時の大豪族社会の様子をみれば、三世紀後半から四世紀前半には、各地の大豪族が共同で大豪族を葬っていたが、四世紀後半から五世紀にかけての間に大豪族の中にも身分制度が整い、擁立された上の大豪族のもとに実権をもつ中の大豪族により社会が支配されていたと考えられる。身分的には上の大豪族が大王、中の大豪族が大連や大臣に相当する。下の大豪族は畿内はもとより、畿内以外の各地にもいただろう。

竪穴式石室に使用されている石材の調査が進展すれば、当時の豪族社会の様子がより詳しく判ってくるだろう。

参考文献

奈良県立橿原考古学研究所編『下池山古墳の研究』二〇〇八年

奈良県立橿原考古学研究所編『黒塚古墳の研究』二〇一八年

奥田　尚「メスリ山古墳の天井石と長岳寺の大石棺仏の石材」『古代学研究』第一八五号　古代学研究会　二〇一〇年

奥田　尚「藤井寺市津堂城山古墳の天井石」『古代学研究』第一九三号　古代学研究会　二〇一二年
奥田　尚「石材からみた畿内の竪穴式石室―石室材の地域性と使用の変遷―」『纒向学の最前線』桜井市纒向学研究センター　二〇二二年

本書の原本は、二〇〇二年に学生社より刊行されました。

著者略歴

一九四七年　奈良県に生まれる
一九六九年　奈良教育大学教育学部卒業
二〇〇七年　大阪市立大学大学院理学研究科後期博士課程修了
現在、奈良県立橿原考古学研究所特別指導研究員

〔主要著書・論文〕
『古代飛鳥「石」の謎』（学生社、二〇〇六年）、『大峰山・大台ケ原山―自然のおいたちと人々のいとなみ―』（編著、築地書館、二〇〇九年）、「上醍醐寺町石とその石材」（『古代学研究』二三四、二〇二二年）、「石材からみた畿内の竪穴式石室―石室材の地域性と使用の変遷―」（『纒向学の最前線』纒向学研究一〇、二〇二二年）

読みなおす日本史

石の考古学

二〇二三年（令和五）五月一日　第一刷発行

著　者　奥《おく》田《だ》尚《ひさし》
発行者　吉川道郎
発行所　株式会社　吉川弘文館
郵便番号一一三―〇〇三三
東京都文京区本郷七丁目二番八号
電話〇三―三八一三―九一五一〈代表〉
振替口座〇〇一〇〇―五―二四四
http://www.yoshikawa-k.co.jp/
組版＝株式会社キャップス
印刷＝藤原印刷株式会社
製本＝ナショナル製本協同組合
装幀＝渡邊雄哉

ISBN978-4-642-07523-7

刊行のことば

現代社会では、膨大な数の新刊図書が日々書店に並んでいます。昨今の電子書籍を含めますと、一人の読者が書名すら目にすることができないほどとなっています。ましてや、数年以前に刊行された本は書店の店頭に並ぶことも少なく、良書でありながらめぐり会うことのできない例は、日常的なことになっています。

人文書、とりわけ小社が専門とする歴史書におきましても、広く学界共通の財産として参照されるべきものとなっているにもかかわらず、その多くが現在では市場に出回らず入手、講読に時間と手間がかかるようになってしまっています。歴史の面白さを伝える図書を、読者の手元に届けることができないことは、歴史書出版の一翼を担う小社としても遺憾とするところです。

そこで、良書の発掘を通して、読者と図書をめぐる豊かな関係に寄与すべく、シリーズ「読みなおす日本史」を刊行いたします。本シリーズは、既刊の日本史関係書のなかから、研究の進展に今も寄与し続けているとともに、現在も広く読者に訴える力を有している良書を精選し順次定期的に刊行するものです。これらの知の文化遺産が、ゆるぎない視点からことの本質を説き続ける、確かな水先案内として迎えられることを切に願ってやみません。

二〇一二年四月

吉川弘文館

読みなおす日本史

日本の奇僧・快僧　今井雅晴著　二二〇〇円
平家物語の女たち　大力・尼・白拍子　細川涼一著　二二〇〇円
戦争と放送　竹山昭子著　二四〇〇円
「通商国家」日本の情報戦略　領事報告を読む　角山　榮著　二二〇〇円
日本の参謀本部　大江志乃夫著　二二〇〇円
宝塚戦略　小林一三の生活文化論　津金澤聰廣著　二二〇〇円
観音・地蔵・不動　速水　侑著　二二〇〇円
飢餓と戦争の戦国を行く　藤木久志著　二二〇〇円
陸奥伊達一族　高橋富雄著　二二〇〇円
日本人の名前の歴史　奥富敬之著　二四〇〇円
お家相続　大名家の苦闘　大森映子著　二二〇〇円
はんこと日本人　門田誠一著　二二〇〇円
城と城下　近江戦国誌　小島道裕著　二四〇〇円
江戸城御庭番　徳川将軍の耳と目　深井雅海著　二二〇〇円
戦国時代の終焉　「北条の夢」と秀吉の天下統一　齋藤慎一著　二二〇〇円
中世の東海道をゆく　京から鎌倉へ、旅路の風景　榎原雅治著　二二〇〇円
日本人のひるめし　酒井伸雄著　二二〇〇円
隼人の古代史　中村明蔵著　二二〇〇円
飢えと食の日本史　菊池勇夫著　二二〇〇円
蝦夷の古代史　工藤雅樹著　二二〇〇円
天皇の政治史　睦仁・嘉仁・裕仁の時代　安田　浩著　二五〇〇円
日本における書籍蒐蔵の歴史　川瀬一馬著　二四〇〇円

吉川弘文館
（価格は税別）

読みなおす日本史

読みなおす日本史

石の考古学
奥田　尚著
二二〇〇円

江戸武士の日常生活　素顔・行動・精神
柴田　純著
（続　刊）

秀吉の接待　毛利輝元上洛日記を読み解く
二木謙一著
（続　刊）